여호와의
증인에게
묻는 8대
질문

Eight Questions to
Jehovah's Witnesses!

목 차

독자에게

여호와의 증인은 진지한 성경공부와 열정적인 축호전도가 그 특징입니다.

그럼에도 불구하고 징병거부, 수혈거부, 수차례의 재림 예고 등으로 사회문제가

되고 있는 것도 사실입니다.

이런 일이 발생하는 이유가 무엇일까요?

본서는 그 8가지 문제를 성경적으로, 역사적으로 밝히고 있습니다.

이 책을 읽으므로 그동안 해결 받지 못한 문제가 시원스럽게 풀리기를 바랍니다.

저자. 신원호

질문 1

여호와의 증인에서는 여호와 하나님 외에 예수님이나 성령님을 하나님이 아니라고 하며, 삼위일체(三位一體)교리는 이교도에서 왔다고 주장하는데, 그러면 성경은 예수님과 성령님에 대해서 무엇이라고 말할까요?

여호와의 증인에서는 이렇게 말하고 있습니다.

"삼위일체 가르침을 믿는 사람들은 하느님이 세 위, 즉 아버지와 아들과 성령으로 이루어져 있다고 말한다. 이 세 위의 각 위는 다른 이들과 동등하고 전능하며 시작이 없다고 한다. 따라서 삼위일체 교리에 의하면, 아버지도 하느님이고, 아들도 하느님이고, 성령도 하느님인데 오직 한 하느님만 있다. 삼위일체를 믿는 많은 사람들은 이 가르침이 난해하다는 점을 인정한다. 그러면서도 그들은 성서에서 삼위일체를 가르친다고 생각할지 모른다. 유의할 점은 성서에 삼위일체라는 말이 결코 나오지 않는다는 것이다"(성서는 실제로 무엇을 가르치는가? p201)

여호와의 증인에서는 다음의 성경구절을 들어 한 분 여호와만을 인정하고 있습니다.

"이스라엘아 들으라 우리 하나님 여호와는 오직 하나인(개역개정:유일한) 여호와시니"(신명기 6:4)

"나 여호와가 말하노라 너희는 나의 증인 나의 종으로 택함을 입었나니, 이는 너희가 나를 알고 믿으며 내가 그인 줄 깨닫게 하려 함이라 나의 전

에 지음을 받은 신이 없었느니라 나의 후에도 없으리라"(이사야 43:10)
"이스라엘의 왕인 여호와, 이스라엘의 구원자인 만군의 여호와가 이 같이
말하노라 나는 처음이요 나는 마지막이라 나 외에 다른 신이 없느니라."
(이사야 44:6)
"예수께서 대답하시되 첫째는 이것이니 이스라엘아 들으라, 주 곧 우리
하나님은 유일한 주시라."(마가복음 12:29)

　　여호와의 증인은 여호와 하나님만 믿는 단일신론(monotheism)입
니다. 예수님과 성령님을 하나님으로 믿지 않습니다. 심지어 예수님
을 가리켜 미가엘 천사가 사람으로 온 것이며, 부활 승천하여 천사가
되었다고 말합니다. 성령 또한 하나님이나 인격적 존재가 아니라, 하
나님의 활동력이라고 말합니다. 기독교의 삼위일체교리를 "머리가 셋
달린 괴물"이라고 혹평하고 있습니다. 이러한 단일신론은 일찍이 니
케야회의(325년)에서 아리우스가 주장한 이론입니다. 아리우스는 "예
수님은 하나님의 첫 피조물로 피조물에서 으뜸이나, 하나님은 아니
라"고 하였습니다. 그러나 아다나시우스는 "예수님은 하나님과 동일
본질이요, 참 하나님이요, 참 사람이라"고 주장하였습니다. 결국 아다
나시우스의 주장이 성경적임이 드러나, 아리우스는 이단으로 정죄되
었습니다. 그런데 여호와의 증인이 바로 이단으로 정죄된 아리우스의
단일신론(monotheism)을 따르고 있는 것입니다. 그러면 성경이 하나
님과 예수님, 성령님에 대해서 어떻게 말하는지 살펴보겠습니다.

1) 원어 상으로 하나님(엘로힘)은 복수명사입니다.

> 창1:1"태초에 하나님이 천지를 창조하시니라".

　여기 "하나님"을 말하는 "엘로힘"은 복수로 "하나님들"입니다. 하나님의 단수는 "엘"입니다. 성경에는 '하나님'이라는 단어를 단수와 복수로 사용하고 있는데, 삼위 하나님을 나타낼 때는 반드시 복수(엘로힘)를 사용하고 있습니다.

　하나님의 이름 "여호와"는 "스스로 계신 자"란 뜻으로, 하나님은 스스로 계신 분들이라는 말입니다. 하나님은 스스로 계신 분들이며, 그 이전에 지음을 받은 신들이 없었다고 성경은 말씀합니다.(사43:10)

> "나 여호와가 말하노라 너희는 나의 증인, 나의 종으로 택함을 입었
> 나니, 이는 너희가 나를 알고 믿으며 내가 그인 줄 깨닫게 하려 함이
> 라 나의 전에 지음을 받은 신이 없었느니라 나의 후에도 없으리라."

2) 그러기에 하나님은 자신들을 말할 때에 "우리"(We)라는 복수대명사를 사용하셨습니다.

> "하나님(엘로힘)이 이르시되 우리의 형상을 따라 우리의 모양대로
> 우리가 사람을 만들고…"(창세기 1:26)
> "여호와 하나님(엘로힘)이 이르시되 보라 이 사람이 선악을 아는 일
> 에 우리 중 하나 같이 되었으니…"(창세기 3:22)

"자, 우리가 내려가서 거기서 그들의 언어를 혼잡하게 하여 그들이 서로 알아듣지 못하게 하자 하시고"(창세기 11:7)

"내가 또 주의 목소리를 들으니 주께서 이르시되 내가 누구를 보내 며 누가 우리를 위하여 갈꼬 하시니"(이사야 6:8)

여기서 "우리"는 누구를 가리키는 것일까요? 그것은 바로 성부, 성 자, 성령 하나님을 가리키는 것입니다. 그러기 때문에 예수님은 요한 복음17:22에서 "우리가 하나가 된 것 같이 그들도 하나가 되게 하려 함이니이다."라고 기도하신 것입니다.

3) 성경은 예수님을 여러 곳에서 하나님으로 말씀하십니다.

여호와의 증인에서는 예수님에 대하여 이렇게 말합니다.

"하늘의 영적 피조물로서 예수는 여호와와 각별한 관계이셨습니다. 예수 는 모든 창조물 가운데 처음 난 분이라고 불리며, 이는 하느님께서 처음으 로 창조하신 분이기 때문입니다.(골로새서1:15) 이 아들이 특별한 데에 는 다른 이유가 있습니다. 그분은 독생자이십니다.(요한복음3:16) 이 말 은 하느님께서 직접 창조하신 분은 예수뿐이라는 의미입니다."(성경은 실 제로 무엇을 가르치는가? p41)

"하나님의 맏아들은 일부 사람들이 믿는 것처럼 하느님과 동등합니까? 성서는 그렇게 가르치지 않습니다. 앞항에서 살펴본 것처럼 이 아들은 창 조된 분입니다. 따라서 그 분에게는 분명히 시작이 있었는데 반해, 여호와 하느님은 시작이나 끝이 없습니다. 이 독생자는 결코 자기 아버지와 동등 해지려고 생각해 본 적이 없습니다. 성서는 아버지께서 아들보다 크시다

고 명백히 가르칩니다."(성경은 실제로 무엇을 가르치는가? p41)

이처럼 여호와의 증인에서는 예수님은 하나님의 첫 피조물이라고 말합니다. 여기에서 더 나아가 예수님을 미가엘 천사라고 말하고 있습니다.

골로새서 1:15절 말씀 "그는 보이지 아니하는 하나님의 형상이시오, 모든 피조물보다 먼저 나신 이시니"라는 말씀에서 아리우스(Arius)의 "그리스도의 피조론"이 나왔습니다. 언뜻 이 말씀을 보면 예수님이 맨 먼저 지음을 받은 것처럼 보이지만 예수님은 "지음을 받은 것"이 아니라, "나셨다"고 말합니다. 이 말씀을 에규메뉴스는 "영원과 같이 나셨으며"라고 해석하였고, 아다나시우스는 "불변하신 이에게서 난 불변하신 이"라고 하였습니다(이상근 박사 주석 참조). 이 말씀은 그리스도의 피조를 말씀하는 내용이 아니요, 오히려 그리스도가 하나님의 형상이요, 하나님이심을 말씀하며, 만물보다 먼저 계셔서 "만물이 그에게서 창조되되"(16절)하심으로 예수님이 하나님 되심을 증거하고 있습니다. 요한복음1:2에는 "그가 태초에 하나님과 함께 계셨고"라고 말씀하고 있습니다.

다음의 성구들은 예수님이 하나님이심을 분명히 가르쳐 주고 있습니다.

"이는 한 아기가 우리에게 났고 한 아들을 우리에게 주신 바 되었는데, 그의 어깨에는 정사를 메었고 그의 이름은 기묘자라, 모사라, 전능하신 하나님이라, 영존하시는 아버지라, 평강의 왕이라 할 것임이라"(이사야9:6)

"그러므로 너희는 가서 모든 민족을 제자로 삼아 아버지와 아들과 성령의 이름으로 세례를 베풀고"(마태복음 28:19)

"그러나 인자가 땅에서 죄를 사하는 권세가 있는 줄을 너희로 알게 하려 하노라."(마가복음 2:10)

"태초에 말씀이 계시니라 이 말씀이 하나님과 함께 계셨으니, 이 말씀은 곧 하나님이시니라."(요한복음 1:1)

"말씀이 육신이 되어 우리 가운데 거하시매 우리가 그의 영광을 보니, 아버지의 독생자의 영광이요 은혜와 진리가 충만하더라."(요한복음 1:14)

"나와 아버지는 하나이니라."(요한복음 10:30)

"나를 보는 자는 나를 보내신 이를 보는 것이니라."(요한복음 12:45)

"아버지여 아버지께서 내 안에, 내가 아버지 안에 있는 것 같이 그들도 다 하나가 되어 우리 안에 있게 하사 세상으로 아버지께서 나를 보내신 것을 믿게 하옵소서."(요한복음 17:21)

"내게 주신 영광을 내가 그들에게 주었사오니 이는 우리가 하나가 된 것 같이 그들도 하나가 되게 하려 함이니이다"(요한복음 17:22)

"도마가 대답하여 이르되 나의 주님이시오, 나의 하나님이시니이다"(요한복음 20:28)

"그는 근본 하나님의 본체(형체)시나 하나님과 동등 됨을 취할 것으로 여기지 아니 하시고"(빌 2:6)

"복스러운 소망과 우리의 크신 하나님 구주 예수 그리스도의 영광이 나타나심을 기다리게 하셨으니"(디도서 2:13)

"아들에 관하여는 하나님이여 주의 보좌는 영영하며 주의 나라의 규는 공평한 규이니이다"(히브리서 1:8)

여호와의 증인 책 "성서는 실제로 무엇을 가르치는가?" 33페이지에 보면 이렇게 적고 있습니다.

"여호와 하느님께서는 자신의 하늘 왕국 곧 하늘 정부의 통치자로 예수 그리스도를 택하셨습니다. 오래전에 성서는 이렇게 예언하였습니다. "한 아이가 우리에게 태어났고, 한 아들을 우리에게 주어졌는데, 그의 어깨 위에 정부가 있을 것이다. 그의 이름은...평강의 군왕이라고 불릴 것입니다..그 정부가 끝없이 확장되고 평화가 끝이 없을 것입니다".

신세계역에서는 의도적으로 "하나님"을 "위력 있는 신"으로 번역했으나, 아버지는 그대로 번역하고 있고, 여호와의 증인에서도 이 말씀을 예수님에 대한 예언이라고 가르치고 있습니다. 그러나 이 말씀을 인용하면서 "아버지"라는 말이 걸렸던지 의도적으로 생략하고 있으나, 신세계역에는 "위력 있는 신, 영원한 아버지"라고 번역하고 있습니다. 그렇다면 "아들(예수님)=아버지"라는 등식이 성립됩니다. 그리고 성부 하나님께서 예수님을 "하나님이여"(히브리서1:8)라고 부르고 계신 것을 어떻게 설명하시겠습니까?

하나의 거짓말은 그것을 덮기 위해서 다른 거짓말을 만들어냅니다. 처음부터 예수님의 신성을 부인하니, 이러한 결과를 초래하게 되는 것입니다.

성경은 어느 한 구절만이 아니라, 전체를 볼 때에 그 뜻이 분명해집니다.

4) 성경은 성령님도 하나님이라고 말씀합니다.

여호와의 증인에서는 성령을 하나님이나 인격적 존재가 아니라, 단순한 "하나님의 활동력"이라고 말합니다.

"성서 어디에도 실체, 능력 및 영원성에 있어서 셋이 모두 같다고 알려주는 성구는 하나도 없습니다. 성서는 일관되게 전능하신 하나님 여호와를 홀로 최고자로, 예수를 그분이 창조하신 아들로, 성령을 하느님의 활동력으로 밝혀줍니다"(삼위일체를 믿어야 하는 가? p29)

그러기에 여호와의 증인이 번역한 신세계역 성경 창1:2은 이렇게 되어 있습니다.

"땅은 형태가 없고 황량했으며, 깊은 물 위에는 어둠이 있었다. 하느님의 활동력은 물 위에서 이리저리 움직이고 있었다".

그러나, 마28:19절의 "아버지와 아들과 성령의 이름으로"는 그대로 번역하였고, 요14:26절의 "그러나 돕는 자 곧 아버지께서 내 이름으로 보내실 성령 그가 여러분에게 모든 것을 가르치고 내가 여러분에게 말한 모든 것을 생각나게 해 줄 것입니다"라고 번역하고 있습니다(신세계역 성경). 이렇게 번역하고 있으면서도 성령의 인격이나, 하나님 임을 부인하고 있는 것입니다.

그러나 성경은 성령을 인격적 존재요, 하나님이라고 말씀하고 있습니다.

"땅이 혼돈하고 공허하며 흑암이 깊음 위에 있고 하나님의 영은 수면 위에 운행하시니라"(창세기 1:2)

"주의 영을 보내어 그들을 창조하사 지면을 새롭게 하시나이다"(시편 104:30)

"내가 주의 영을 떠나 어디로 가며 주의 앞에서 어디로 피하리이까."(시편 139:7)

"말하는 이는 너희가 아니라 너희 속에서 말씀하시는 이 곧 너희 아버지의 성령이시니라."(마태복음 10:20)

"그러므로 너희는 가서 모든 민족을 제자로 삼아 아버지와 아들과 성령의 이름으로 세례를 베풀고"(마태복음 28:19)

"예수께서 대답하시되 진실로 진실로 너희에게 이르노니 물과 성령으로 나지 아니 하면 하나님의 나라에 들어갈 수가 없느니라."(요한복음 3:5)

"보혜사 곧 아버지께서 내 이름으로 보내실 성령 그가 너희에게 모든 것을 가르치고 내가 너희에게 말한 모든 것을 생각나게 하리라"(요한복음 14:26)

"그들이 다 성령의 충만함을 받고 성령이 말하게 하심을 따라 다른 언어들로 말하기를 시작하니라."(사도행전 2:4)

"베드로가 이르되 아나니아야 어찌하여 사탄이 네 마음에 가득하여 네가 성령을 속이고 땅 값 얼마를 감추었느냐 땅이 그대로 있을 때에는 네 땅이 아니며 판 후에도 네 마음대로 할 수가 없더냐 어찌하여 이 일을 네 마음에 두었느냐 사람에게 거짓말한 것이 아니요 하나님께로다."(사도행전 5:3~4)

"주를 섬겨 금식할 때에 성령이 이르시되 내가 불러 시키는 일을 위하여 바나바와 사울을 따로 세우라 하시고"(사도행전 13:2)

"성령이 아시아에서 말씀을 전하지 못하게 하시거늘 그들이 브루기아와 갈라디아 땅으로 다녀가"(사도행전 16:6)

"너희가 아들이므로 하나님이 그 아들의 영을 우리 마음 가운데 보내사 아빠 아버지라 부르게 하셨느니라"(갈라디아서 4:6)

"내가 이르노니 너희는 성령을 따라 행하라 그리하면 육체의 욕심을 이루지 아니하리라"(갈라디아서 5:16)

"하나님의 성령을 근심하게 하지 말라 그 안에서 너희가 구원의 날까지 인치심을 받았느니라"(에베소서 4:30)

이처럼 성령 하나님은 하나님의 영으로 지,정,의가 있는 인격자이시며, 창조에 동참하셨고, 편재해 계시며, 중생에 동참하시며, 우리 안에 임재하셔서 우리를 가르치시고, 진리로 이끄시는 분이십니다. 그러기에 주후 381년 콘스탄티노풀신경에는 "성부로부터 발출하시는 주, 생명의 조작자 성령을 믿나이다.”고 하였고, 주후 589년 톨레도대회에서는 최종적으로 “우리는 성부와 성자로부터 발출하시는 성령을 믿나이다” 라고 고백하였습니다.

5) 그러기에 성경은 아버지와 아들과 성령을 동일한 반열에서 말씀하고 있습니다.

마28:19“그러므로 너희는 가서 모든 민족으로 제자를 삼아 아버지와 아들과 성령의 이름으로 세례를 베풀고”.

고후13:13“주 예수 그리스도의 은혜와 하나님의 사랑과 성령의 교통하심이 너희 무리와 함께 있을지어다.”

이처럼 성경은 삼위하나님을 말씀하고 있습니다.

6) 그러면 어떻게 삼위(三位)가 계시는데, 하나라고 하는 것일까요?

이를 반대하는 사람들은 신6:4절“이스라엘아 들으라 우리 하나님 여호와는 오직 유일한 여호와시니”,(개역성경에는 ‘오직 하나인 여호와시니’)라는 말씀을 제시합니다.

단순히 보면 그럴듯합니다.

그런데 하나 둘을 세는 서수(序數)에는 **“절대단수”**가 있고, **“복합단수”**가 있습니다.

예를 들어 콩을 셀 때에 한 개, 두 개를 세는 것은 절대단수입니다. 그러나 콩 한 되, 두 되 할 때는 복합단수입니다. 하나지만 사실은 그 속에 여럿이 있는 것입니다.

히브리어에서도 절대단수로 하나를 말할 때는 **"야히드"**를 사용하였고, 복합단수로 사용할 때에는 **"에하드"**를 사용했습니다. 이 **에하드**는 "하나, 똑 같은, 함께, 한 떼"를 뜻 합니다. *창세기1:24절 "이러므로 남자가 그 부모를 떠나 그의 아내와 합하여 둘이 한 몸을 이룰찌로다"*에서 **"한"**을 성경은 복합단수인 **"에하드"**를 사용하였고, **신명기6:4절의 "유일한 여호와시니"의 "유일"**도 복합단수인 **"에하드"**를 사용하였습니다.

부부가 둘이지만 한 몸이라 하였습니다. 성경은 이 비밀이 크도다(엡5:32)고 하였습니다. 옛말에 군사부일체(君師父一體)란 말이 있는데, 이 말이 여기에 해당되는 말이라고 봅니다. 마찬 가지로 성부, 성자, 성령 하나님이 하나이시며, 이 비밀이 큰 것입니다.

예수님은 요한복음17:22 *"내게 주신 영광을 내가 그들에게 주었사오니 이는 우리가 하나가 된 것 같이 그들도 하나가 되게 하려 함이니라"*고 하셨습니다. 삼위일체가 성경에 없는 말이라고 하지만, 성부, 성자, 성령이 삼위(三位)요, 우리가 "하나"(일체)라고 했으니, "삼위일체"가 되는 것입니다. 가장 완벽한 공동체의 원형은 삼위일체 하나님입니다. 서로 동등하시면서 서로 존중하시고, 복종하시고, 하나가 되십니다. 이 원리를 모델로 부부가 하나가 될 수 있고, 교회가 하나가 되는 것입니다. 어떻게 삼위일체 하나님에 대해서 이해가 되셨나요?

질문 2

여호와의 증인에서는 예수님을 미가엘 천사라고 하는데, 이렇게 말하는 증거가 무엇입니까?

여호와의 증인은 "성서는 실제로 무엇을 가르치는가?"라는 책 부록에 "천사장 미가엘은 누구인가?"라는 소제목에서 이렇게 말하고 있습니다.

"그러면 이 미가엘은 누구인가? 때때로 사람들도 여러 개의 이름으로 알려지는 경우가 있다. 예를 들어 족장 야곱은 이스라엘로 알려져 있으며, 사도 베드로는 시몬으로도 알려져 있다. (창세기49:1,2 마태복음10:2) 그와 마찬가지로 성서는 미가엘이 지상 생애 전과 후에 예수 그리스도를 가리키는 다른 이름임을 알려 준다. 그처럼 결론 내릴 수 있는 성경적 이유를 고려해보자"(성서는 실제로 무엇을 가르치는가? p218)

성경적인 이유로 천사장은 수석 천사를 의미하며, 단수요, 정관사가 있다는 점과 예수는 천사장의 지위와 연관되어 있다고 말합니다.

"사실 성서에서 '천사장'이라는 표현은 단수 형태로만 나오며, 복수 형태로 나오는 법이 결코 없다. 더욱이 예수는 천사장의 지위와 연관되어 있다. 부활되신 주 예수 그리스도에 관하여 데살로니가 전서 4:16에서는 주께서 친히 호령과 천사장의 음성으로 하늘에서 내려오실 것"이라고 알려

준다. 이처럼 예수의 음성은 천사장의 음성으로 묘사되어 있다. 그러므로 이 성구는 예수가 천사장 미가엘이심을 시사한다.(같은 책 p218~219)

한 걸음 더 나아가서 천사장 미가엘이 지휘하는 군대와 예수가 지휘하는 군대가 두 무리로 이루어져 있다고 알려 주지 않는다면서, 따라서 미가엘은 바로 하늘에서 자신의 역할을 수행하고 계신 예수 그리스도라고 결론을 내리고 있습니다.

"성서는 미가엘과 그의 천사들이 용과 그 천사들과 맞서 싸웠다고 알려 준다.(요한 계시 록 12:7) 따라서 미가엘은 충실한 천사군대를 이끄는 지휘관이다. 그런데 요한 계시록에서는 예수도 충실한 천사군대를 이끄는 지휘관으로 묘사한다.(요한계시록 19:14~16)

그리고 사도 바울도 주 예수와 그의 강력한 천사들을 분명히 언급한다.(데살로니가 후 서 1:7) 그러므로 성서에는 '미가엘과 그의 천사들'이라는 표현도 나오고 '예수와 그의 천사들'이라는 표현도 나온다.(마태복음 13:41, 16:27, 24:31, 베드로 전서 3:22) 하느님의 말씀 어느 곳에서도 하늘의 충실한 천사 군대가 미가엘이 지휘하는 무리와 예수가 지휘하는 무리, 이 두 무리로 이루어져 있다고 알려 주지 않는다. 따라서 미가엘은 바로 하늘에서 자신의 역할을 수행하고 계신 예수 그리스도라고 결론지을 수 있다"(같은 책p219)

여호와의 증인이 지극히 학구적이요, 지극히 성서적이라고 자처하면서 가정과 추정을 근거로 하여, 성서에도 없으며, 자신들의 교리에도 대치되는 엄청난 결론을 성급하게 내리는 것을 보면서 실망을 금할 수 없습니다. 그러면 과연 이러한 결론이 바른 것일까요?

1) 우선, 천사장은 미가엘 하나가 아닙니다.

여호와의 증인에서는 천사장 앞에 정관사가 있으니, 천사장은 하나요, 여기에서 비약하여 그 미가엘 천사장이 예수님이라고 결론을 내렸습니다마는 성경은 미가엘도 군대 장관 중 하나라고 말합니다.

"그런데 바사 왕국의 군주가 이십일 일 동안 나를 막았으므로 내가 거기 바사 왕국의 왕들과 함께 머물러 있더니, 가장 높은 군주(개역성경에는 군장) 중 하나인 미가엘이 와서 나를 도와주므로"(다니엘 10:13)

요한계시록은 일곱 천사장이 있음을 암시합니다.

"내가 보매 하나님 앞에 일곱 천사가 서 있어 일곱 나팔을 받았더라"(요한계시록 8:2)

2) 두 번째로 하나님께서 아들과 천사를 구분하셨습니다(히브리서 1:6~9)

"또 그가 맏아들을 이끌어 세상에 다시 들어오게 하실 때에 하나님의 모든 천사들은 그에게 경배할지어다 말씀하시며, 또 천사들에 관하여는 그는 그의 천사들을 바람으로 그의 사역자들을 불꽃으로 삼으시느니라 하셨으되, 아들에 관하여는 하나님이여 주의 보좌는 영영하며 주의 나라의 규는 공평한 규이니이다"

위의 말씀과 같이 천사는 하나님이 부리시는 종이요, 사역자들이지 아들이 아닙니다.

성부 하나님께서 예수님을 '맏아들'이라, '하나님'이라고 하시는데,

여호와의 증인에서는 증거도 없이 예수님을 피조물인 천사장 미가엘로 전락시키고 있는 것입니다.

3) 세 번째로 성경이 예수님과 천사들을 구분하고 있습니다.

미가엘 천사가 나오는 다니엘 10:13절에 미가엘 천사가 나오고, 16절에 "인자 같은 이"(예수 그리스도)가 따로 나옵니다.

> "그런데 바사 왕국의 군주가 이십일 일 동안 나를 막았으므로 내가 거기 바사 왕국의 왕들과 함께 머물러 있더니, 가장 높은 군주(개역성경에는 군장) 중 하나인 미가엘이 와서 나를 도와주므로"(다니엘 10:13)

> "인자와 같은 이가 있어 내 입술을 만진지라..."(다니엘10:16)

여기서 인자는 예수님을 가리키는 말입니다.

여호와의 증인이 발간한 책 "신권전도학교 교육에서 얻는 유익"에서도 이를 인정하고 있습니다.

> "예언자 다니엘은 그 사건에 관한 환상을 보았습니다. 그는 '옛날부터 계신 분'인 여호와 하느님으로부터 "사람의 아들 같은 이"인 예수 그리스도에게 "통치권과 위엄과 왕국이 주어져, 백성들과 나라들과 언어들이 모두 그를 섬기게"될 것을 보았습니다. (다니엘7:13,14)" (신권전도학교 교육에서 얻는 유익, p279)

그렇다면 예수 그리스도는 구약에 하늘에서 미가엘 천사라고 가르치는 여호와의 증인은 거짓말을 하고 있는 것입니다. 여호와의 증인에서 "참 종교를 식별하는 법"에서 첫 번째로 언급한 것이 "하느님의 종들은 성서를 근거로 가르칩니다"(성서는 실제로 무엇을 가르치는가? p151) 라고 하였는데, 그렇다면 성서에도 없는 예수님 미가엘 천사론을 가르치는 여호와의 증인은 참 종교입니까? 아니면 거짓 종교입니까?

더 여호와의 증인에서 제시한 성경구절들을 살펴보겠습니다.

"그는 하늘에 오르사 하나님 우편에 계시니 천사들과 권세들과 능력들이 그에게 복종하느니라."(베드로전서3:22)

"그 날 환난 후에 즉시 해가 어두워지며 달이 빛을 내지 아니하며 별들이 하늘에서 떨어지며 하늘의 권능들이 흔들리리라. 그 때에 인자의 징조가 하늘에서 보이겠고 그 때에 땅의 모든 족속들이 통곡하며 그들이 인자가 구름을 타고 능력과 큰 영광으로 오는 것을 보리라. 그가 큰 나팔소리와 함께 천사들을 보내리니 그들이 그의 택하신 자들을 하늘 이 끝에서 저 끝까지 사방에서 모으리라"(마태복음 24:29~31)

"주께서 호령과 천사장의 소리와 하나님의 나팔 소리로 친히 하늘로부터 강림하시리니

그리스도 안에서 죽은 자들이 먼저 일어나고"(데살로니가전서 4:16)

성경 어디에도 미가엘이 하나님 우편에 앉았다는 말이 없습니다. 베드로사도가 말한 것은 예수님이 하나님 우편에 앉으시니, 모든 천사장과 천사들이 그에게 복종했다는 말입니다. 여호와의 증인의 말대로라면 천사장 미가엘이 하나님 우편에 앉으니 모든 천사들이 경배했다

는 말인데, 그렇다면 그 천사는 마귀일 것입니다. 왜냐하면 마귀가 본래 그 자리를 탐하던 천사였기 때문입니다.(이사야14:12~14) 천사는 자신의 신분을 잘 알기에 경배를 받지 않습니다(계시록22:9).

만일 여호와의 증인의 말대로 예수님이 승천하여 미가엘 천사가 되었다면 스데반이 순교를 당할 때, 하나님 우편에 서신 미가엘 천사를 보았다고 말했을 것이며, 요한계시록을 기록한 사도 요한도 미가엘을 보았어야 했을 것입니다. 그런데 스데반과 사도 요한은 무엇이라고 말하고 있습니까?

"스데반이 성령 충만하여 하늘을 우러러 주목하여 하나님의 영광과 및 예수께서 하나님 우편에 서신 것을 보고 말하되 보라 하늘이 열리고 인자가 하나님 우편에 서신 것을 보노라 한 대"(사도행전 7:55~56)

"몸을 돌이켜 나에게 말한 음성을 알아보려고 돌이킬 때에 일곱 촛대를 보았는데, 촛대 사이에 인자 같은 이가 발에 끌리는 옷을 입고 가슴에 금띠를 띠고"(요한계시록1:12~13)

그리고 재림하실 때의 나팔소리는 천사장이 부는 소리이지, 예수님이 부는 것이 아닙니다. 대통령이 가면 경호실장, 비서실장, 국방장관 등이 대동하여서 보좌하는 것처럼 예수님이 재림하실 때에도 천사장과 천사들이 수행하는 것입니다.

4) 네 번째로 여호와의 증인의 주장에도 맞지 않습니다.

예수님이 미가엘이라면 그는 피조된 피조물입니다. 그런데 성경은 예수님이 만물보다 먼저 계셔서(17절) 보이는 것들(만물)과 보이지 않는 것들(천사들)을 창조하셨다고 말씀하고 있습니다.

"만물이 그에게서 창조되되 하늘과 땅에서 보이는 것들과 보이지 않는 것들과 혹은 왕권들이나 주권들이나 통치자들이나 권세들이나 만물이 다 그로 말미암고 그를 위하여 창조되었고"(골로새서1:16)

"또한 그가 만물보다 먼저 계시고 만물이 그 안에 함께 섰느니라."

여호와의 증인의 주장대로라면 "피조물인 미가엘이 만물보다 먼저 계셔서 보이는 것들과 보이지 않는 것들(천사들)을 창조하였다"가 되는 것입니다. 어떻게 천사가 천사를 창조하며, 피조물이 피조물을 창조한다는 말입니까?

5) 다섯 번째 성경은 천사숭배를 금하고 있으나, 우리 예수님께는 예배와 영광과 찬송을 돌리는 것이 합당하다고 말하고 있습니다.

"아무도 꾸며낸 겸손과 천사 숭배를 이유로 너희를 정죄하지 못하게 하라 그가 그 본 것에 의지하여 그 육신의 생각을 따라 헛되이 과장하고 머리를 붙들지 아니하는지라. 온 몸이 머리로 말미암아 마디와 힘줄로 공급함을 받고 연합하여 하나님이 자라게 하심으로 자라느니라."(골로새서2:18~19)

여기에서 천사와 머리(예수님)를 구분하고 있습니다. 성경은 교회의 머리를 예수그리스도라고 분명히 말하고 있습니다. 예수님은 교회의 머리가 되시며, 온 세상의 머리가 되십니다.

"또 만물을 그의 발아래에 복종하게 하시고 그를 만물 위에 교회의

머리로 삼으셨느니라.”(에베소서1:22),

  “또 충성된 증인으로 죽은 자들 가운데서 먼저 나시고 땅의 임금들
  의 머리가 되신 예수 그리스도로 말미암아 은혜와 평강이 너희에게
  있기를 원하노라”(요한계시록 1:5)

그러기에 이 땅에서만 아니라, 하늘나라에서도 우리 예수님께 존귀
와 영광과 찬송을 드리고 있는 것입니다.

  “내가 또 보고 들으매 보좌와 생물들과 장로들을 둘러 선 많은 천사
  의 음성이 있으니 그 수가 만만이요 천천이라. 큰 음성으로 이르되 죽
  임을 당하신 어린 양은 능력과 부와 지혜와 힘과 존귀와 영광과 찬송
  을 받으시기에 합당하도다 하더라”(요 한계시록 5:11~12)

이렇게 성경이 예수님께 영광과 찬송을 받으시기에 합당하시도다
라고 말하고 있는데, 여호와의 증인에서는 예수님을 미가엘 천사라고
격하시키고, 경배의 대상이 아니라고 가르치고 있으니, 여호와의 증
인이 맞는 것입니까? 성경이 맞는 것입니까?

6) 마지막으로 예수님은 변덕을 부리는 분이 아닙니다.

  “예수 그리스도는 어제나 오늘이나 영원토록 동일하시니라”고 하였
습니다.(히브리서13:8) 인간을 구원하기 위하여 잠시 사람의 몸을 입
으셨으나, 그 자신의 신분인 하나님을 버리신 것은 아닙니다. 참 사람
이면서 참 하나님이셨습니다. 이는 땅에서 죄를 사하시며, 죽은 자를
살리시며, 수많은 이적을 행하시고, “나와 하나님은 하나”(요10:30)
라고 하시고, “나를 보는 자는 나를 보내신 이를 보는 것”(요12:45)이

라고 하신 말씀 등에서 이미 증명된 일입니다. 이러한 하나님이신 예수님을 성경에 근거도 없는 추론으로 일개 천사장으로 전락시킨 여호와의 증인의 주장도 유치하지만, 성경을 그렇게 연구하면서 이러한 궤변을 그대로 믿고 따른다는 것도 이해가 되지 않습니다. 이 엄청난 신성모독의 죄악을 어떻게 하며, 이러한 헛된 주장을 믿고 따르는 자들에 대한 책임을 어떻게 하려고 하시는 것입니까?

질문 3

누가 이 세상을 실제로 지배하고 있을까요?

여호와의 증인에서는 이 세상을 실제로 지배하고 통치하는 것은 사단 마귀라고 말합니다.

"온 세상은 마귀의 지배를 받고 있습니다(요일5:19)

'악마가 저질러놓은 일을 파멸시키려고 하느님의 아들이 나타나셨던 것입니다'(요일3:8)

현재 이 세상을 다스리는 통치자는 잔인하고 이기적이지만 예수는 그와는 전혀 다른 분이십니다. 예수가 왕으로서 어떻게 다스릴지에 대해 하느님은 이렇게 약속하십니다.' 그는 낮은 자와 가난한 자를 불쌍히 여기시고....압제와 폭력에서 그들을 구출할 것이다"– 시 72:13~14. (누가 이 세상을 실제로 지배하고 있을까요? p2)

"하느님께서 첫 인간 부부를 그분의 형상과 모양대로 창조하셨으며, 그들은 완전하였습니다. 하지만 그들은 죄와 죽음이 인간 가족에게, 그리하여 우리의 삶에도 들어오게 하였습니다. 그들은 인류를 다스릴 최고의 권리가 누구에게 있느냐는 쟁점에서 사탄 마귀의 편을 들었습니다."(창세기 1:26, 3:1~19)('여호와의 날을 의식하며 생활하라' p33)

"예수께서는 사탄이 이 세상의 통치자라는 사실을 조금도 의심하지 않으셨습니다. 한번은 사탄이 어떤 식으로인가 기적을 통해 예수께 '이 세상의 모든 왕국과 그 영광'을 보여준 적이 있습니다. 그런 다음 사탄은 예수께 '당신이 엎드려 내게 숭배 행위를 한다면 이 모든 것을 당신에게 주겠소.' 라고 약속하였습니다(마태복음 4:8,9. 누가복음 4:5,6). 잠깐 생각해 보십시오. 만일 사탄이 그 왕국들의 통치자가 아니었다면 그러한 제의가 과연 예수에게 유혹이 되었겠습니까?

예수께서는 세상의 모든 나라가 사탄의 것이라는 사실을 부인하지 않으셨습니다. 사탄이 그 나라들의 배후에 있는 권력자가 아니라면 예수께서는 틀림없이 그 사실을 부인하였을 것입니다.

물론 여호와는 경이로운 우주의 창조주로서 전능한 하나님이십니다.(요한계시록4:11) 하지만 성서 어디에도 여호와 하나님이나 예수 그리스도가 이 세상의 통치자라는 말은 나오지 않습니다. 사실 예수께서는 사탄을 가리켜 '이 세상의 통치자'라고 부르셨습니다. (요한복음12:31, 14:30, 16:11) 성서는 심지어 사탄 마귀를 '이 세상 제도의 신'이라고 부르기까지 합니다.(고린도후서 4:3,4) 이 반대자 사탄과 관련하여 그리스도인인 사도 요한은 '온 세상이 악한 자의 지배 아래 있다'고 썼습니다.-요한1서 5:19-"(성서는 실제 로 무엇을 가르치는가? p32)

이상에서 보는 바와 같이 여호와의 증인은 세상의 실질적인 통치자를 사탄 마귀로 보고 있습니다. 그리고 이 사탄 마귀가 나라들의 배후에서 '제도의 신'이 되어 나라들을 붙잡고 있음으로 나라는 사탄의 하수인이요, 국가공무원은 사탄의 일을 수행하는 사역자가 되기 때문에 국가공무원이 되는 것을 죄악시하고, 병역의 의무를 거역하며, 선거에도 개입하지 않고, 심지어 여호와의 증인의 2대회장 러

더 포드(Joseph Franklin Rutherford)는 "인간의 정부가 만들어 내는 법은 모두가 마귀의 술책"이라고 했습니다. 그러므로 여호와의 증인들은 국가에 대한 충성심도 부인하며, 국기에 대한 맹세나 국가가 제정, 공포한 어떠한 법률도 순종하기를 거절한 것입니다.(Jeovah's Witnesses,Qualied to be Ministers, p327~331)

이러한 잘못된 국가관 때문에 국가와의 마찰은 불가피하였습니다. 카나다 정부는 1918년 2월 여호와의 증인이 전쟁을 반대하고 집총을 거부하며 국가의 법을 준수하지 않으므로 카나다 내의 여호와의 증인의 포교와 문서활동을 금지했습니다.

1918년 5월에는 미국 뉴욕 동부지역 재판소는 러더 포드와 동료 7명을 체포하였는데, 그 죄목은 미 육군과 공군의 임무를 거절하였기 때문이었습니다. 그들은 그해 6월 20일 재판을 받아, 20년의 중형을 받고, 조지아주의 아틀란타 연방 형무소에 수감되었습니다. 세계 2차 대전중에는 무려 3,500명의 미국 내의 여호와의 증인이 군복무를 거절하므로 투옥되었습니다.(박영관, 이단종파비판,p302~303)

독일에서도 여호와의 증인들이 국가의 의식이나, 제도에 반대하므로 투옥되었으며, 1972년 아프리카의 말라위(Malaui)에서는 여호와의 증인들이 34센트짜리 말라위 의회파의 카드 사기를 거부함으로(이 규제는 모든 시민에게 요청되는 것이었다) 여호와의 증인들은 투옥되고, 고문, 살해까지도 당했습니다(서춘웅, 교회와 이단, p294)

우리나라도 한 해에 600여명에 달하는 양심적 병역거부자들이 있는데(2014년 기준), 이들은 대부분 여호와의 증인의 청년들입니다. 이들은 잘못된 신앙을 지키기 위해서 기꺼이 전과자가 되고 있는 것입니다.

이와 같이 많은 문제와 피해를 주고 있는 여호와의 증인의 국가관은 성경적일까요?

이 문제에 대해서 하나씩 성경을 통해서 생각해 보고자 합니다.

1) 먼저, 우리 하나님은 세상의 통치권을 마귀에게 이양한 일이 없습니다.

여호와의 증인에서는 '성경 어디에도 여호와 하나님이나 예수 그리스도가 이 세상의 통치자라는 말은 없다'고 하며, 세상의 통치자가 마귀요, 세상 모든 나라가 마귀의 것이라고 하였는데, 어떻게 여호와의 증인들이 이런 무지한 말을 할 수 있습니까? 여호와의 증인들은 누구의 편인지 의문이 가지 않을 수 없는 말입니다. 그렇다면 우리 하나님이 세상을 통치하는 통치권을 마귀에게 빼앗긴 것입니까? 아닙니다. 아담이 범죄하여 마귀의 종이 되어, 마귀의 지배 아래 있을 때에도, 여전히 우리 하나님은 세상의 통치자이었습니다. 하나님이 아담에게 주신 만물을 다스리는 권한을 아담이 빼앗겼을 뿐이지, 하나님의 통치권까지 빼앗긴 것이 아닙니다. 마귀도 하나님의 주권 아래 있습니다.

다니엘4장에 나오는 느브갓네살 왕의 사건에서 분명히 보여주고 있습니다.

"나 왕이 말하여 이르되 이 큰 바벨론은 내가 능력과 권세로 건설하며 나의 도성으로 삼고 이것으로 내 위엄의 영광을 나타낸 것이 아니냐 하였더니, 이 말이 아직도 나 왕의 입에 있을 때에 하늘에서 소리가 내려 이르되 느부갓네살 왕아 네게 말하노니 나라의 왕위가 네게서 떠났느니라. 네가 사람에게서 쫓겨나서 들짐승과 함께 살면서 소처럼 풀을 먹을 것이요, 이와 같이 일곱 때를 지나서 지극히 높으신 이가 사람의 나라를 다스리시며, 자기의 뜻대로 그것을 누구에게든지 주시는 줄을 알기까지 이르리라 하더라."(다니엘4:30~32)

느브갓네살 왕은 하나님 앞에 교만된 말을 했다가 왕궁에서 쫓겨나 7년을 소처럼 풀을 먹으면서 지극히 높으신 이가 세상 나라를 통치하시는 것을 깨닫고, 다시 왕권이 회복되어 하늘의 왕을 찬송하며, 경배하였다고 말하고 있습니다.

다음의 구절들은 세상 나라의 통치권이 하나님에게 있음을 더욱 잘 나타내 주고 있습 니다.

"세계가 다 내게 속하였나니, 너희가 내 말을 잘 듣고 내 언약을 지키면 너희는 모든 민족 중에 내 소유가 되겠고, 너희가 내게 대하여 제사장 나라가 되며 거룩한 백성이 되리라"(출애굽기 19:5,6)

"네가 네 하나님 여호와의 말씀을 삼가 듣고 내가 오늘 네게 명령하는 그의 모든 명령을 지켜 행하면 네 하나님 여호와께서 너를 세계 모든 민족 위에 뛰어나게 하실 것이라"(신명기 28:1)

"여호와여 위대하심과 권능과 영광과 승리와 위엄이 다 주께 속하였사오니, 천지에 있는 것이 다 주의 것이로소이다. 여호와여 주권도 주께 속하였사오니, 주는 높으사 만물의 머리이심이니이다. 부와 귀가 주께로 말미암고 또 주는 만물의 주재가 되사 손에 권세와 능력이

있사오니 모든 사람을 크게 하심과 강하게 하심이 주의 손에 있나이
다"(역대상 29:11~12)

"만물이 그에게서 창조되되 하늘과 땅에서 보이는 것들과 보이지
않는 것들과 혹은 왕권들이나 주권들이나 통치자들이나 권세들이나
만물이 다 그로 말미암고 그를 위하여 창조되었고"(골로새서 1:16)

"모든 권세는 다 하나님께서 정하신 바라. 그러므로 권세를 거스리
는 자는 하나님의 명을 거스름이니, 거스르는 자는 심판을 자취하리
라"(로마서13:1,2)

마귀가 실질적으로 세상 나라를 다스리는 것이 아니라 하나님이 다
스리십니다.

하나님은 애굽의 바로 왕을 깨뜨리시고 이스라엘 백성을 출애굽 시
키셨으며, 가나안의 33왕을 이스라엘에게 붙여주셨고, 이스라엘이 범
죄했을 때에 바벨론에 넘겨주었으나, 하나님이 약속하신 70년이 차
매, 고레스 왕을 통하여 포로해방령을 내리게 하셨습니다. 하나님은
이방 나라 고레스 왕을 가리켜 "내 목자라"(이사야44:28)고까지 말씀
하였습니다. 하나님은 다니엘에게 앞으로 메대와 바사 나라가 일어나
며, 그 다음은 헬라나라, 로마나라가 일어날 것을 보여주었습니다(다
니엘 7:1-8)

신약의 바울 사도는 성도의 국가관에 대해서 이렇게 말씀하고 있습
니다.

"각 사람은 위에 있는 권세들에게 복종하라. 권세는 하나님으로부

터 나지 않음이 없나니, 모든 권세는 다 하나님께서 정하신 바라. 그러므로 권세를 거스르는 자는 하나님의 명을 거스림이니, 거스르는 자들은 심판을 자취하리라"(로마서 13:1~2)

"그는 하나님의 사자가 되어 네게 선을 베푸는 자니라...(로마서 13:4)

"너희가 조세를 바치는 것도 이로 말미암음이라 그들이 하나님의 일꾼이 되어 바로 이 일에 항상 힘쓰느니라. 모든 자에게 줄 것을 주되 조세를 받을 자에게 조세를 바치고 관세를 받을 자에게 관세를 바치고, 두려워할 자를 두려워하며, 존경할 자를 존경하라"(로마서 13:6~7)

"그러므로 내가 첫째로 권하노니 모든 사람을 위하여 간구와 도고와 감사를 하되 임금들과 높은 지위에 있는 모든 사람을 위하여 하라. 이는 우리가 모든 경건과 단정함으로 고요하고 평안한 생활을 하려 함이라"(디모데전서 2:1~2)

사도 바울은 모든 권세는 다 하나님의 정하신 바니, 권세를 거스리는 자는 그 권세를 내신 하나님의 명을 거스리는 것이라고 하였으며, 국가의 관리를 가리켜 '하나님의 사자'라, '하나님의 일꾼'이라고 하였습니다. 그리고 성도는 마땅히 세금을 납부해야 하며, 국가에 대한 의무를 이행하여야 하고, 국가의 관리를 두려워하고 존경하며, 위하여 기도하라고 말씀하고 있습니다.

때로 국가가 성경에 어긋난 법을 제정하여 복종을 강요할 때는 세상의 법보다 하나님의 법이 우선이기에 애굽의 산파들처럼 왕명을 거스리고 하나님의 법에 복종해야 하겠지만, 그렇지도 않는데도 '모든 인간의 정부는 마귀의 것'이요, 그 정부가 만든 법을 '마귀의 술책'이라 하여 불복종하고, 공무원이 되는 것을 죄악시하고, 공문서까지 지참하지 않는 것은 스스로 매를 자처하는 것이요, 젊은이들의 앞길을 막는 것이요, 국가에 백해무익한 것입니다. 이러한 불행은 성경의 무지에서 나온 소치인 것입니다.

여호와의 증인의 논리로 말한다면 구약의 요셉이나, 다니엘은 마귀의 사자로 죄를 범한 것입니까? 그들은 하나님을 알지 못하는 나라의 관리로 봉사하면서 하나님의 살아계심을 보여주었고, 하나님의 역사를 이루었지 않습니까? 오늘날 우리 그리스도인들도 국민의 의무를 다하며, 가능하면 관리로 많이 들어가서 하나님의 일꾼이요, 사자로서 이 국가에 하나님의 선한 영향력을 행사해야 하는 것입니다.

2) 두 번째로 마귀는 잠간 동안 세상 임금으로 죄 아래 있는 자들에게 왕 노릇하였지만, 심판을 받아, 지금 하늘과 땅과 땅 아래의 권세는 예수님께 있습니다.

여호와의 증인에서는 여전히 지금도 마귀가 세상 임금이요, 세상 나라를 주관하는 자라고 하는데, 이것은 성경을 모르는 소치입니다. 예수님이 오시기까지는 대부분의 사람들이 죄 가운데 살았기에 마귀의 종이요, 마귀를 세상 임금이라고도 하였습니다.

그러나 예수님이 오신 것은 이 마귀의 일을 멸하려 오셨다고 하였

습니다(요일3:8)

> "죄를 짓는 자는 마귀에게 속하나니, 마귀는 처음부터 범죄함이라.
> 하나님의 아들이 나타나신 것은 마귀의 일을 멸하려 하심이라".

어떻게 예수님이 마귀의 일을 멸하셨습니까? 히브리서는 이렇게 말씀합니다.

> "자녀들은 혈과 육에 속하였으매 그도 또한 같은 모양으로 혈과 육을 함께 지니심은 죽음을 통하여 죽음의 세력을 잡은 자 곧 마귀를 멸하시며, 또 죽기를 무서워하므로 한 평생 매어 종노릇하는 모든 자들을 놓아 주려 하심이니"(히브리서2:14~15)

예수님이 결정적으로 마귀를 심판하신 것은 죽으심과 부활입니다.
여호와의 증인에서는 마귀가 세상 임금이라고 요한복음 12:31, 14:30, 16:11를 들고 있는데, 이 말씀을 한번 살펴보겠습니다.

> "이제 이 세상에 대한 심판이 이르렀으니, 이 세상 임금이 쫓겨나리라."(요12:31)

여기에서 이 세상 임금은 마귀를 가리키는 것이 맞습니다. 예수님이 세상 임금 마귀의 심판이 이르렀다고 말씀하고 있습니다.

> "이제 일이 일어나기 전에 너희에게 말한 것은 일이 일어날 때에 너희로 믿게 하려 함이라. 이 후에는 내가 너희와 말을 많이 하지 아니하리니 이 세상의 임금이 오겠음이라. 그러나 그는 내게 관계할 것이

없으니"(요한복음14:29~30)

이 말씀은 십자가를 지기 직전에 하신 말씀입니다. 세상 임금 마귀가 자신을 멸하려 오신 자를 십자가에 넘기러 온다는 것입니다. 사실 마귀는 헤롯을 통하여 예수 그리스도를 멸하려 하였으며, 공생애를 시작하실 때에 제일 먼저 찾아와 넘어뜨리려고 3번 시험한 바 있습니다. 이제 마지막 결정적으로 온다는 것입니다. 그러나 그것은 그 자신이 심판을 받는 일이 될 것입니다.

"심판에 대하여라 함은 이 세상 임금이 심판을 받았음이라"(요한복음16:11)

이 말씀은 성령이 오셔서 이 세상 임금이 심판을 받았다고 하신다는 것입니다.

십자가를 지시기 전에 세상 임금이 심판을 받게 된다고 하였는데, 십자가와 부활 후에 오신 성령께서 이제 세상 임금이 심판을 받았다고 하신다는 것입니다. 그러면 그 사이에 무슨 일이 있었습니까? 바로 예수님이 마귀가 잡고 있는 사망권세 아래까지 내려가셨다가 사망권세를 깨뜨려 마귀를 심판하시고 부활하신 것입니다. 그러므로 첫째 아담이 상실한 땅의 권세까지도 회복하셔서 부활하신 예수님은 이렇게 말씀하십니다.

"예수께서 나아와 말씀하여 이르시되 하늘과 땅의 모든 권세를 내게 주셨으니 그러므로 너희는 가서 모든 민족을 제자로 삼아 아버지와 아들과 성령의 이름으로 세례를 베풀고, 내가 너희에게 분부한 모든 것을 가르쳐 지키게 하라. 볼찌어다 내가 세상 끝날까지 너희와 항

상 함께 있으리라 하시니라"(마태복음28:18~20)

바울 사도도 이렇게 말합니다.

"그는 근본 하나님의 본체시나 하나님과 동등됨을 취할 것으로 여기지 아니하시고, 오히려 자기를 비어 종의 형체를 가지사 사람들과 같이 되셨고, 사람의 모양으로 나타나사 자기를 낮추시고 죽기까지 복종하셨으니, 곧 십자가에 죽으심이라. 이러므로 하나님이 그를 지극히 높여 모든 이름 위에 뛰어난 이름을 주사 하늘에 있는 자들과 땅에 있는 자들과 땅 아래에 있는 자들로 모든 무릎을 예수의 이름에 꿇게 하시고, 모든 입으로 예수 그리스도를 주라 시인하여 하나님 아버지께 영광을 돌리게 하셨느니라" (빌립보2:6~11)

명실공히 예수님이 현재 하늘과 땅과 땅 아래의 권세를 다 가지셨는데, 여호와의 증인은 이미 심판을 받아 패잔병이 된 마귀를 여전히 세상 임금이라고 아직도 두려워하고 있으며, 세상 나라를 마귀의 하수인으로, 세상 법을 마귀의 술책으로 불복종하여, 개인과 국가에 막대한 손해를 끼치고 있으니, 이것이 과연 하나님의 하시는 일이라고 보십니까?

여호와의 증인에서 발간한 "성서는 실제로 무엇을 가르치는가?" 145페이지에는 이렇게 말하고 있습니다.

"거짓종교는 위조지폐처럼 전혀 가치가 없습니다. 게다가 거짓종교는 실제로 해를 입히기까지 합니다".

질문 4

여호와의 증인에서는 수혈을 거부하여 많은 생명을 죽음에 이르게 하고 있는데, 과연 이것이 하나님의 사랑이며, 성경 적일까요?

여호와의 증인에서는 수혈을 거부합니다. 수혈에 대한 여호와의 증인의 주장은 이렇습니다.

"모든 인류의 조상인 노아가 살았던 시대에 하느님께서는 주목할 만한 법을 제정하셨습니다. 그분은 인간에게 동물의 고기를 먹을 권리를 주시면서 피를 먹는 것을 금하였습니다.(창세9:4) 또한 그분은 그 이유도 알려주시면서 피를 생물의 영혼 즉 생명과 동일시하였습니다. 그분은 나중에 '영혼(생명)은 그 피에 있다'고 말씀하셨습니다. 창조주께서 보시기에 피는 신성합니다. 피는 개개의 살아있는 영혼이 가지고 있는 소중한 생명의 선물을 상징합니다. 하느님께서는 이 원칙을 거듭 언명하셨습니다.-레위 3:17,11, 14. 신명12:16, 23-"(여호와의 증인이 수혈을 하지 않는 이유, www. jw.org)

창세 9:5"너희 영혼(또는 생명, 히브리어 네페시)의 피를 내가 되찾을 것이다" (여기에서는 영혼이 피를 가졌음을 알려준다)(워치타워 온라인 라이브러리, 영혼 p1)

"피를 멀리하라는 명령은 수혈에도 적용됩니다. 그렇습니다. 예를 들어

의사가 우리에게 술을 멀리하라고 했다고 합시다. 그것은 술을 마시는 것은 안 되지만 혈관에 주입하는 것은 괜찮다는 의미입니까? 물론 그렇지 않습니다. 그와 마찬가지로 피를 멀리한다는 것은 피를 어떤 식으로든 우리 몸 안으로 받아들이지 않는 것을 의미합니다. 그러므로 피를 멀리하라는 명령을 따르는 사람은 자신의 혈관에 피를 주입하는 행위를 결코 허용하지 않을 것입니다.... 그리스도인이 이 세상 제도에서 조금 더 생명을 연장하려고 하느님의 법을 어길 것입니까?."(성서는 실제로 무엇을 가르치는가? p130~131)

"우리가 부지런히 이 책임(피)을 이행한다면 사도 바울처럼 이렇게 말할 수 있게 될 것입니다. '나는 모든 사람의 피에 대하여 깨끗합니다. 내가 주저하지 않고 여러분에게 하느님의 모든 뜻을 알려주었기 때문입니다(사도행전 20:26,27)" (같은 책 p135)

이러한 무책임한 가르침으로 인해 안타깝게도 수많은 사람이 생명을 잃고 있습니다. 28세의 조이스(Joyce Prudhomm)는 수혈을 거부한 후 희귀한 혈액병으로 1980년 마이애미병원에서 사망했습니다. 그녀의 남편은 '종교가 그녀를 자살하도록 한 것을 믿을 수 없다'며 탄식했다고 합니다. 그녀는 다만 여호와의 증인 모임에 2년 간 참석했을 뿐, 정식회원이 아니었다고 합니다. 그녀의 모임의 한 장로는 '만일 당신이 하느님의 율법을 어김으로 당신의 생명을 구원한다면 부활의 소망이 없다'라고 말했다 합니다(서춘웅, 교회와 이단, p296)

우리나라에서도 1977년 부산에서 김경O 양(12세)이 피가 없어 죽어가는데, 여호와의 증인 협회가 수혈을 거부할 것을 요구하여 사망했고, 1980년에는 서울대병원에서 김정0(23세)가 같은 이유로 사망했으며, 원로가수 백년0씨도 1980년에 미국에서 수혈을 거부함으로 사망했습니다. 지금도 가끔씩 부모가 자녀의 수혈을 거부하는 일이 발생하여 죽는 사고가 발생하고 있고, 이를 막고자 병원 측과 환자 보호자간의 소송전이 벌어지는 어처구니없는 일이 발생하고 있습니다.

심지어 여호와의 증인에서는 전 세계 신도들에게 '수혈거부카드'를 만들어 항상 몸에 지니고 다니도록 하고 있으며, 만일의 사태를 대비하여 대리인으로 하여금 수혈을 거부하도록 대리인까지 세워 도장을 받아놓고 있습니다.

무엇이 잘못되었습니까?

1) 우선 피를 영혼으로 보는 여호와의 증인의 견해가 잘못되었습니다.

위의 글 가운데 '영혼(생명)은 그 피에 있다'는 말이 있습니다. 여호와의 증인에서 자체 번역한 신세계역에서 "생명"을 뜻하는 히브리어 "네페쉬"를 '생명'으로 번역은 하였으나, 주를 달아 "또는 영혼"이라고 하였고(신세계역 레위기17:11), 가르칠 때는 "피는 곧 영혼"이라고 말하고 있습니다.

"육체의 영혼은 그 피에 있기 때문이다"(레위기 17:11)

"살아 움직이는 모든 동물이 너희를 위한 양식이 될 것이다. 푸른 초목처럼 내가 정녕 그 모든 것을 너희에게 준다. 다만 고기를 그 영혼(피)있는

채로 먹어서는 안 된다"

(창세기9:3~4)(위치타워 온라인 라이브러리, 피, p1)

히브리어 "네페쉬"는 "거세게 숨쉬다"를 뜻하는 "나파쉬" 동사에서 온 것으로 숨, 목숨, 생명, 영혼 등의 뜻으로, 주로 사람이나 짐승의 생명이나 목숨으로 사용되었습니다. 문맥상으로 볼 때 '육체'가 나왔으므로 '생명'으로 번역하는 것이 맞으나, 영혼과 육체가 하나라고 보는 여호와의 증인에서는 육체의 생명은 피요, 피는 곧 영혼이라고 보는 것입니다.

이러한 일분설(monotomy)을 근거로 하여 헌혈을 하는 것은 자신의 영혼을 내어주는 것이요, 수혈을 받는 것 또한 다른 영혼을 받아드려 영혼을 더럽히는 것이기에, 부활의 소망을 위해서 현재의 생명을 더럽히느니, 기꺼이 포기한다는 것입니다.

참으로 대단한 용기이나 성경에 무지한 소치입니다. 사람은 육신의 생명과 영의 생명이 같은 것이 아니라, 따로 있습니다. 이를 성경에서는 겉 사람(푸쉬케))과 속 사람(프뉴마)으로 구분하였고(고후4:16), 이를 더 세분하여 영(프뉴마)과 혼(푸쉬케) 과 육(소마)으로 말하기도 하였습니다(데살로니가 전서5:23, 히브리서 4:12)

"그러므로 우리가 낙심하지 아니하노니 우리의 겉 사람은 낡아지나 우리의 속 사람은 날로 새롭도다"(고린도후서 4:16)

"평강의 하나님이 친히 너희를 온전히 거룩하게 하시고 또 너희의 온 영(프뉴마)과 혼(푸쉬케)과 몸(소마)이 우리 주 예수 그리스도께서 강림하실 때에 흠 없게 보전되기를 원하노라"(데살로니가 전서 5:23)

"하나님의 말씀은 살아있고 활력이 있어 좌우에 날선 어떤 검보다
도 예리하여 혼(푸쉬케)과 영(프뉴마)과 및 관절과 골수를 찔러 쪼개
기까지 하며 또 마음의 생각과 뜻을 판단하나니"(히브리서 4:12)

육의 생명이 있는가 하면 영의 생명이 있고, 육의 죽음이 있는가 하
면 영의 죽음이 있습니다. 그러기에 예수님도 "몸(소마)은 죽여도 영
혼(푸쉬케)을 능히 죽이지 못하는 자들을 두려워하지 말고 오직 몸
과 영혼을 능히 지옥에 멸하실 수 있는 이를 두려워하라"(마태복음
10:28)고 하셨고, 예수님이나 스데반이 육신이 죽을 때 "아버지여 내
영혼(프뉴마)을 아버지 손에 부탁하나이다"(누가복음23:46), "주 예수
여 내 영혼(프뉴마)을 받으시옵소서"(사도행전7:59)라고 기도한 것입
니다. 몸이 있는가 하면 몸 안에 영혼이 따로 있는 것입니다. 그래서
몸은 죽어도 영혼은 죽지 않고 하늘나라나 음부로 가는 것입니다. 여
호와의 증인의 주장대로라면 예수님이나 스데반이 죽었을 때, 그대로
끝나야 했습니다. 그런데 육신은 죽으나 영혼을 부탁하고 있지 않습니
까?

그런데 여호와의 증인에서는 몸과 영혼을 하나로 보고, 몸이 죽으
면 영혼도 죽는다고 가르치는 것입니다. 영혼은 칼에 닿을 수 있는 것
이지 영원한 것이 아니라고 합니다.

"성서의 용법에 의하면 영혼은 사람이나 동물 또는 사람이나 동물이 누리
는 생명이다. 여호수아 11:11 '그들이 그 안에 있는 모든 영혼(히브리어,
네페시)을 칼날로 쳤다'(여기에서 영혼은 칼에 닿을 수 있는 것임을 알 수
있다. 그러므로 그러한 영혼들이 영들일 수 없었다)"(워치타워 라이브러

리, 영혼p1)

여호와의 증인에서는 여호수아 11:11절의 "네페시"를 영혼으로 번역했으나, 일반적으로는 "사람"(개역개정)으로 번역하고 있습니다. "네페시"는 본래 "숨, 목숨, 생명, 사람"등을 나타내는 헬라어의 푸시케(혼)와 같은 단어입니다. "네페시"를 영혼으로도 번역을 할 때는 그 인격체 전체를 나타낼 때에 사용하였습니다.(사사기5:21, 욥기7:11 등) 히브리어로 영은 "루아흐"입니다. 문제는 영혼을 어떻게 보느냐에 있습니다. 여호와의 증인에서는 영혼을 물질적으로 보고, "영혼은 곧 피다"라고 말하고 있으나, 성경 번역대로 피는 육체(네페시)의 생명이지 영의 생명(루아흐)이 아닙니다.

특히 창세기 9:3,4절과 레위기17:11절의 피는 동물의 피를 말합니다. 동물은 영혼(루아흐)이 없습니다. 몸과 각혼(네페시)만 있을 뿐입니다. 그렇지만 하나님은 동물의 생명도 하나님이 주신 것이므로 존중히 여기고, 먹지 말라고 한 것이지, 이것이 영혼이기에 먹지 말라고 한 것이 아닙니다.

2) 다음으로 피를 먹는 것은 생명을 경시하고 죽이는 것이지만, 수혈을 받는 것은 생명을 사랑하고 존중히 여기는 것입니다.

여호와의 증인에서는 피를 먹지말라는 말씀을 확대해석하여 수혈까지 거부하도록 가르치고 있습니다. 그러나 피를 먹는 것과 받는 것은 다른 차원입니다. 피를 먹는 것은 육체의 생명을 죽이는 것이요, 그 생명을 주신 하나님을 무시하는 것이지만, 수혈을 받는 것은 하나님이 주신 생명을 귀히 여기고, 살리는 행위입니다. 그러므로 할 수만 있다면 수혈을 받아 하나님이 주신 생명을 살려야 하는 것입니다. 우리 예수님도 우리를 살리기 위하여 당신 육신의 생명인 피를 주시지 않았습니까?

"이것은 죄 사함을 얻게 하려고 많은 사람을 위하여 흘리는바 나의 피 곧 언약의 피니라"(마태복음26:28)

예수님은 "사람이 친구를 위하여 자기 목숨(푸쉬케)을 버리면 이보다 더 큰 사랑이 없나니"(요한복음15:13)라고 하였습니다. 육신의 생명 되는 피를 헌혈하여 다른 사람의 생명을 살리는 것보다 귀한 사랑이 없다는 것입니다. 그러므로 헌혈이나 수혈은 하나님의 지극한 사랑의 표현이요, 사람이 할 수 있는 가장 거룩한 일인 것입니다.

3) 세 번째로 수혈거부로 생명을 죽게 하는 것은 살인죄와 살인방조죄를 짓는 일입니다.

여호와의 증인에서는 의사가 "수혈을 하지 않으면 죽는다"고 말하면 이렇게 대답하라고 가르치고 있습니다.

"수혈을 하지 않으면 죽는다" 라고 의사가 말한다면 어떻게 할 것인가?······

그러나 사람에게 생명을 다시 줄 수 있는 분이 계십니다. 바로 그분은 하느님이십니다. 사람이 죽음에 맞섰을 때, 하느님의 법을 범함으로 그분을 등진다면 그것은 어리석은 결정이라고 생각하지 않습니까? 저는 진정으로 하느님을 믿습니다. 하느님을 그렇게 믿으시는지요? 그분의 말씀은 그분의 아들에게 믿음을 두는 자들에게 부활을 약속합니다. 그것을 믿으십

니까?-요한11:25-(위치타워 온라인 라이브러리,피, p4)

"그리스도인이 이 세상 제도에서 조금 더 생명을 연장하려고 하느님의 법을 어길 것입니까? 예수께서는 이렇게 말씀하셨습니다. '누구든지 자기 목숨을 구하려는 사람은 그것을 잃을 것이고, 나를 위해 자기 목숨을 잃는 사람은 그것을 얻을 것입니다.'(마태복음16:25) 우리는 죽기를 원치 않습니다. 그렇지만 우리가 하느님의 법을 어겨가면서 현재의 생명을 구하려 한다면 영원한 생명을 잃을 위험에 처하게 됩니다."(성서는 실제로 무엇을 가르치는가? p130~131)

참으로 무책임한 가르침입니다. 이러한 무책임한 가르침에서 잘못된 신앙이 만들어져 기꺼이 자녀의 생명을 죽이고 있는 것입니다. 사람을 살리는 종교가 사람을 죽이고 있는 것입니다.

예수님은 안식일이라도 병든 자를 고치셨습니다. 이에 대하여 이의를 제기하는 자들에게 이렇게 대답하셨습니다.

"예수께서 이르시되 너희 중에 어떤 사람이 양 한 마리가 있어 안식일에 구덩이에 빠졌으면 끌어내지 않겠느냐, 사람이 양보다 얼마나 더 귀하냐 그러므로 안식일에 선을 행하는 것이 옳으니라 하시고"(마태복음12:11~12)

유대인에게는 안식일에 하지 말아야 할 법이 39가지나 있었지만 생명을 살리는 것이 우선이어서 양이나 소가 구덩이에 빠졌으면 먼저 살려내었던 것입니다. 하물며 사람이 아파 있는데, 고치지 않겠느냐? 사람이 양보다 얼마나 귀하냐?고 주님은 질문하십니다. 그런데 여호와의 증인에서는 살 사람도 죽게 만들고 있는 것입니다. 과연 이것이 성부 하나님의 사랑이요, 예수님의 정신입니까?

에스겔 선지자는 살려야 할 사람을 죽게 한 자에게는 그 생명의 책임을 묻겠다고 하셨습니다.

"또 의인이 그의 공의에서 돌이켜 악을 행할 때에는 이미 행한 그의 공의는 기억할 바 아니라. 내가 그 앞에 거치는 것을 두면 그가 죽을 지니 이는 네가 그를 깨우치지 않음이라 그는 그의 죄 중에서 죽으려 니와 그의 피 값은 내가 네 손에서 찾으리라"(에스겔3:20)

엉뚱하게도 여호와의 증인에서는 예수님이 사람이 두려워서 예수를 부인하면 육신의 목숨은 살아도 영혼구원을 잃는다는 말씀을 여기에 적용하여 두려움을 조장하고 있는 것입니다. 그 말씀은 육신이 살기 위해서 예수 부인하면 영혼이 죽는다는 말입니다. 그리고 사도 바울이 말한 피는 전도에 대한 사명을 다했다는 말이지, 육신의 피를 말하는 것이 아닙니다. 예수님은 육신도 살리고, 전도하여 영혼도 살렸습니다. 우리도 그렇게 해야 하는 것입니다. 예수님은 요한복음 10:10절에서 사단 마귀와 자신을 비교하며 *"도둑이 오는 것은 도둑질하고 죽이고 멸망시키려는 것이요 내가 온 것은 양으로 생명을 얻게 하고 더 풍성히 얻게 하려는 것이라"*고 말씀하셨습니다.

마땅히 예수님의 제자라면 육신도 살리고, 영혼도 살려야 합니다. 할 수 있으면 헌혈도 해서 다른 사람의 생명도 살려야 합니다. 그런데 단순한 육신의 생명인 피를 영혼이라고 가르쳐서 헌혈도 하지 않고, 수혈도 거부하여 천하보다 귀한 생명을 죽게 만드는 여호와의 증인은 살리는 종교입니까? 죽이는 종교입니까?

질문 5

여호와의 증인에서는 우리의 영혼도 죽으며, 죽은 후에 존재 자체가 없어지고, 지옥이나 천국을 가지 않는다(소수를 제외하고)고 가르칩니다. 아예 지옥 자체를 부인하고 있으며, 지옥이 있다고 가르치는 것은 사탄의 영향을 받았기 때문이라고 가르치고 있습니다. 이 엄청난 주장이 성경적일까요?

여호와의 증인에서는 우리의 영혼도 죽으며, 죽으면 존재 자체가 없어진다고 말합니다.

"그 모든 종교의 가르침에는 한 가지 공통적인 기본 상식이 있는데, 그것은 육체가 죽을 때 사람의 일부가 살아남는다는 것입니다. 과거와 현재의 거의 모든 종교에서는 사람이

보고 듣고 생각할 수 있는 상태로, 어떤 식으로인가 영원히 산다고 말합니다. 하지만 어떻게 그럴 수 있습니까? 사람의 의식과 생각은 모두 뇌의 작용과 연관 되어있습니다.

사람이 죽을 때 뇌의 기능이 중단됩니다. 사람의 기억력과 감각과 의식도 어떤 신비스러운 방법을 통해 독자적으로 계속 기능을 발휘하지 않습니다. 뇌를 못 쓰게 되면 그러한 기능들도 살아 있을 수 없습니다. 사람이 죽으면 더는 존재하지 않게 된다는 것입니다. 죽음은 살아 있는 상태의 반대입니다. 죽은 사람은 보거나 듣거나 생각하지 못합니다. 우리 몸의 단 한 부분도 몸이 죽을 때 살아남지 못합니다. 우리는 불멸의 영혼이나 영을 가지고 있지 않습니다. 솔로몬은 살아 있는 사람은 자기가 죽을 것임을 안다

고 말하고 나서 '죽은 자는 아무것도 모른다'고 썼습니다. 그는 이 기본적인 진리를 더 설명하면서, 죽은 사람은 사랑하거나 미워할 수 없으며 무덤에는 일도 계획도 지식도 지혜도 없다고 말하였습니다.(전도서 9:5,6,10) 그와 비슷하게 시편 146:4에서도 사람이 죽으면 '그 생각도 소멸하고 만다'고 말합니다. 우리는 멸성으로서, 몸이 죽을 때 살아남는 존재가 아닙니다. 우리가 누리는 생명은 양초의 불꽃과 같습니다. 불빛은 꺼지면 어디로인가 가는 것이 아닙니다. 그저 없어져 버릴 뿐입니다"(성서는 실제로 무엇을 가르치는가? p58)

"예수 그리스도께서도 죽은 사람의 상태에 관해 말씀하신 적이 있습니다. 자신이 잘 아는 나사로가 죽었을 때 그렇게 말씀하셨습니다. 그때 예수께서는 제자들에게 '우리 친구 나사로가 잠들었습니다.'라고 말씀하셨습니다. 제자들은 예수께서 나사로가 잠에서 쉬고 있으니까 병에서 회복될 것이라는 뜻으로 하신 말씀이라고 생각하였습니다. 하지만 그런 뜻이 아니었습니다. 예수께서는 '나사로는 죽었습니다'라고 말씀하셨습니다.(요한복음11:11-14) 예수께서 죽음을 잠에 비하신 것에 유의하십시오. 나사로는 하늘에 있었던 것도, 불타는 지옥에 있었던 것도 아닙니다. 천사들이나 조상들을 만나고 있었던 것도 아닙니다. 그는 꿈도 꾸지 않고 깊은 잠을 자는 것처럼 죽음의 상태에서 쉬고 있었습니다. 다른 성구들 역시 죽음을 잠에 비유합니다. 예를 들어 제자 스데반이 돌에 맞아 죽었을 때, 성서는 '그가 잠들었다'고 말합니다. (사도행전 7:60) 그와 비슷하게 사도 바울도 자기 시대의 일부 사람들이 '죽어 잠들어 있다'고 말하였습니다.–고린도전서 15;6–"(위와 같은 책 p59)

"여호와께서는 불순종한 아담과 하와를 영원히 남겨 두실 이유가 없었습니다. 그들은 여호와께서 이미 말씀하신 대로 죽었습니다. 아담과 하와는 더 이상 존재하지 않게 되었습니다. 그들은 영들의 세계로 옮겨간 것이 아닙니다. 여호와께서 아담에게 불순종에 대한 책임을 묻고 나서 하신 말씀을 볼 때 그 점을 알 수 있습니다. 하느님께서는 이렇게 말씀하셨습니다. '너는 땅으로 돌아갈 것이다. 네가 땅에서 나왔기 때문이다. 너는 흙이니, 흙으로 돌아갈 것이다.'(창세기 3:19) 하느님께서는 아담을 땅의 흙으로 만드셨습니다.(창세기 2:7) 그 이전에는 아담은 존재하지 않았습니다. 따라서 여호와께서 아담에게 흙으로 돌아갈 것이라고 말씀하신 것은 아담이 존재하지 않은 상태로 돌아갈 것이라는 의미였습니다. 아담은 자기를 만든 재료인 흙처럼 무생명체가 될 것이었습니다.(위와 같은 책 p63)

"당신의 종교는 성서에서 죽은 사람들에 관해 가르치는 바와 일치하게 가르칩니까?

대부분의 종교는 그렇지 않습니다. 그 이유가 무엇입니까? 그 종교들의 가르침이 사탄의 영향을 받았기 때문입니다. 사탄은 거짓 종교를 이용하여 사람들로 하여금 몸이 죽은 후에도 자기들이 영들의 세계에서 계속 살 것이라고 믿게 만듭니다. 이것은 거짓말이며 사탄은 이 거짓말을 다른 거짓말과 혼합하여 사람들이 여호와 하느님으로부터 돌아서게 만들고 있습니다."(위와 같은 책 p64)

"또한 바벨론 사람들은 인간에게 불멸의 영혼이 있어서 몸이 죽은 후에도 살아남아 고초의 장소에서 고통을 당할 수 있다고 믿었습니다. 오늘날에도 대부분의 종교에서는 불멸의 영혼, 혹은 불멸의 영이 지옥불에서 고통당할 수 있다는 신앙을 가르칩니다."(위와 같은 책 p152)

여호와의 증인에서는 지옥도 없다고 말합니다.

"앞서 언급한 것처럼 일부 종교에서는 사람이 악하게 살면 죽은 다음에 불타는 고초의 장소에 가서 영원히 고통을 당할 것이라고 가르칩니다. 이러한 가르침은 하느님께 불명예를 돌립니다. 여호와는 사랑의 하느님이시며 결코 사람들이 그런 식으로 고통을 당하게 하실 분이 아닙니다.(요한1서 4:8) 불순종하는 자녀를 벌주려고 자녀가 불속에 손을 넣고 있게 하는 사람이 있다면 어떤 느낌이 들겠습니까? 그런 사람은 잔인한 사람임에 틀림없다고 생각할 것입니다. 그런데 사탄은 여호와께서 사람들이 불속에서 영원히, 다시 말해 헤아릴 수 없이 오랜 세월 동안 고초를 겪게 하시는 분이라고 우리가 믿기를 바라는 것입니다"(위와 같은 책 p64)

여호와의 증인에서는 영혼멸절론도 말합니다.

"그러면 이제까지 살았던 사람이 모두 다 부활할 것이라고 생각해야 합니까?

그렇지 않습니다. 성서는 죽은 사람들 가운데 일부가 '게헨나'에 있다고 말합니다.(누가 복음12:5) '게헨나'라는 명칭은 고대 예루살렘의 외곽에 있던 쓰레기 처리장의 이름에서 나왔습니다. 그곳에서는 시체와 쓰레기를 태웠습니다. 유대인들은 매장되고 부활될 가치가 없다고 여겨지는 사람들의 시체를 그곳에 버렸습니다. 따라서 '게헨나'는 적절하게도 영원히 멸망을 상징합니다. 예수도 산 사람과 죽은 사람을 심판하는 일에서 담당하는 역할이 있지만 최종심판은 여호와이십니다(사도행전 10:42). 그분은 악하고 변화하려 하지 않는 사람이라고 자신이 판결하는 사람은 결코 부활시키지 않으실 것입니다"(위와 같은 책 p73)

참으로 엄청난 말을 하고 있습니다. 그들의 말대로 어느 편이 사탄의 영향을 받았는지 확실히 구분이 되는 대목입니다.

그러면 무엇이 잘못되었습니까?

1) 먼저 우리의 영혼이 죽어 소멸된다는 말이 잘못되었습니다.

하나님의 모양과 형상대로 창조된 영적 존재는 다시 죽거나 없어지지 않습니다.

전도서 12:7에 "흙은 여전히 땅으로 돌아가고 영(루아흐)은 그것을 주신 하나님께로 돌아가기 전에 그리하라"고 말씀하고 있고, 예수님이 말씀하신 부자와 나사로의 비유에서도 부자와 나사로가 죽어 잠자거나 없어진 것이 아니라, "이에 그 거지가 죽어 천사들에게 받들려 아브라함의 품에 들어가고, 부자도 죽어 장사되매 그가 음부에서 고통 중에 눈을 들어 멀리 아브라함과 그의 품에 있는 나사로를 보고, 불러 이르되 아버지 아브라함이여 나를 긍휼히 여기사 나사로를 보내어 그 손가락 끝에 물을 찍어 내 혀를 서늘하게 하소서. 내가 이 불꽃 가운데서 괴로워하나이다."(누가복음16:22-24)라고 생생히 말씀하고 있습니다. 또한 요한복음14:3"가서 너희를 위하여 거처를 예비하면 내가 다시 와서 너희를 내게로 영접하여 나 있는 곳에 너희도 있게 하리라". 요한복음14:6"예수께서 이르시되 내가 곧 길이요 진리요 생명이니 나로 말미암지 않고는 아버지께로 올 자가 없느니라"고 하였습니다.

예수님은 십자가상에서 한 편 강도에게 "오늘 네가 나와 함께 낙원에 있으리라"(누가복음23:43)고 분명히 말씀하고 있습니다.

사도 바울은 그 자신이 살아 있을 때에 낙원에 이끌려가서 말로 표현할 수 없는 말을 들었다고 하였으며(고린도후서12:4), 예수 그리스도께서 오실 때에 "하나님이 그와 함께 데리고 오시리라"(데살로니가

전서 4:14)고 하였습니다.

영적 존재인 사단 마귀도 하나님과 끊어져 죽었으나, 소멸되지 않고 끊어진 상태로 영원한 것처럼, 사람도 심판 때까지는 낙원과 음부에서, 심판 후에는 천국과 지옥에서 영원히 있게 되는 것입니다. 이러한 성경의 말씀이 분명한데도 영혼의 불멸은 성경에 없는 바벨론의 영향과 사단의 영향을 받은 것이라고 말하는 여호와의 증인은 누구의 영향을 받은 것입니까?

2) 두 번째, 성경은 죽음을 잠자는 것에 비유했으나, 의식이 없는 상태가 아니요, 오히려 의식이 더 분명한 상태인 것을 보여주고 있습니다.

여호와의 증인에서는 죽으면 뇌의 기능이 멈추게 되므로 아무것도 모른다고 말하고 있으나, 이것은 성경을 너무 모르는 소치입니다. 성경은 땅에 있는 장막집(육신의 몸)이 무너지면 하늘에 영원한 집(영의 몸)을 입게 된다(고린도후서5:1)고 말씀하고 있고, "육의 몸이 있은즉 또 영의 몸도 있느니라"(고린도전서15:44) 하였으며, "지금은 거울로 보는 것 같이 희미하나 그 때에는 얼굴과 얼굴을 대하여 볼 것이요, 지금은 부분적으로 아나 그 때에는 주께서 나를 아신 것 같이 내가 온전히 알리라"(고린도전서13:12)고 하였습니다. 부자와 나사로의 비유에서도 부자는 뜨거운 불꽃 가운데 괴로움을 당한다고 호소하고 있지 않습니까?.

하바드대 신경외과 의사인 이븐 알렉산더 박사(뇌신경박사)가 7일간의 뇌사에서 지옥과 천국을 경험하고 돌아와서 쓴 "나는 천국을 보았다"(김영사)를 보면. 그는 평소 임사체험자들이 천국이나 천사, 가족 등을 보았다는 말을 들을 때, 이는 뇌신경의 이상에서 오는 것으로 알았으나, 정작 자신의 뇌기능이 멈췄을 때, 자신은 살아서 천국을 1주 일간 여행하고서 "나는 죽었지만 영혼은 살아있었다"고 고백하고 있습니다.

성경이 그토록 사후의 세계를 말하여도 믿지 않는다면 '나는 천국을 보았다' 이 책을 모든 여호와의 증인들이 읽으시면 도움이 되리라 생각합니다.

3) 세 번째, 지옥이 없다고 하는 것은 성경을 정면으로 부인하는 것이요, 여호와의 증인이 어느 편에 속해 있는가를 잘 보여주는 말입니다.

성경에 지옥을 말하는 "게헨나"는 13번, 무저갱(아뷔쏘스)은 7번, 음부(스올, 하데스)는 73번, 그리고 지옥불, 유황불, 불 못, 꺼지지 않는 불, 풀무불, 영원한 불 등 지옥을 상징하는 말 이 20여 번이나 나옵니다.

"거기에서는 구더기도 죽지 않고 불도 꺼지지 아니하느니라. 사람마다 불로서 소금 치듯 함을 받으리라"(마가복음 9:48,9)

"인자가 그 천사들을 보내리니 그들이 그 나라에서 모든 넘어지게 하는 것과 또 불법을 행하는 자들을 거두어 내어 풀무불에 던져 넣으리니, 거기서 울며 이를 갈게 되리라"(마태복음13:41-42)

"만일 네 손이나 네 발이 너를 범죄하게 하거든 찍어 내버리라 장애인이나 다리 저는 자로 영생에 들어가는 것이 두 손과 두 발을 가지고 영원한 불에 던져지는 것보다 나으니라. 만일 네 눈이 너를 범죄하게 하거든 빼어 내버리라 한 눈으로 영생에 들어가는 것이 두 눈을 가지고 지옥 불에 던져지는 것보다 나으니라" (마태복음18:8-9)

"또 왼편에 있는 자들에게 이르시되 저주를 받은 자들아 나를 떠나 마귀와 그 사자들을 위하여 예비된 영원한 불에 들어가라"(마태복음 25:41)

지옥(게헨나)이나 음부(스올, 하데스)는 구약에서부터 일관되게 나오는 말씀이요, 특히 예수님께서 여러 차례 강조하신 말씀입니다. 육신의 장애인이 되더라도 지옥은 가지 말아야 한다고, 강력하게 말씀하셨습니다. 이러한 지옥을 여호와의 증인에서는 하나의 상징으로 매도하여 부정하고 있는 것입니다. 오히려 지옥을 말하는 것은 하나님께 불명예를 돌리는 일이라고 말하고 있습니다. 그러나 지옥은 본래 사람을 위하여 예비한 것이 아니라, 마귀와 그 사자들을 위하여 예비되었다고 말하고 있습니다.

이렇게 분명하게 말씀하고 있는데도 하나님의 말씀을 따르지 않고, 하나님의 말씀을 정면으로 대적하여, 지옥을 부정하는 마귀를 따르는 자들이 스스로 마귀와 함께 들어가는 것입니다.

요한계시록 22:18, 19에"내가 이 두루마리의 예언의 말씀을 듣는 모든 사람에게 증언하노니, 만일 누구든지 이것들 외에 더하면 하나님이 이 두루마리에 기록된 재앙들을 그에게 더하실 것이요, 만일 누구든지 이 두루마리의 예언의 말씀에서 제하여 버리면 하나님이 이 두루마리에 기록된 생명나무와 및 거룩한 성에 참여함을 제하여 버리시리라"고 하였습니다. 어떻게 하시려고 하십니까? 지옥을 인정하고, 하나님을 따르시겠습니까? 아니면 하나님의 말씀을 부정하고 마귀를 따르시겠습니까?

질문 6

여호와의 증인은 시한부종말론자들처럼 지금까지 12번의 재림을 예언하여 빗나갔는데도 지금은 1914년에 예수님이 영적으로 재림하였다고 주장하고 있습니다. 이렇게 거짓 예언을 반복하고 있다는 것은 무엇을 의미하는 것일까요?

예레미야 14:15-16절을 보면 하나님이 보내지 아니하였는데도 하나님의 이름으로 거짓 예언을 하는 선지자를 멸하시겠다고 말씀하고 있는데, 여호와의 증인은 1889년부터 1968년까지 12번이나 세계의 종말을 예언하였으나, 모두 불발로 끝났습니다(교회와 이단, 서춘웅. p287)

여호와의 증인이 예언한 거짓 예언은 이렇습니다.

여호와의 증인의 창시자인 찰스 테즈 럿셀(C. T Russel)은 1852년에 미국 펜실베니아 주에서 태어나 20세에 안식교의 지도자 J. H 페인트의 저서를 탐독하다, 예수의 재림에 대해 관심을 갖게 되었다고 합니다. 그는 자기와 뜻이 같은 사람들을 모아 성경연구 모임을 갖기 시작하다가, 1879년 "아침의 여명"이라는 잡지를 냅니다. 이 잡지는 이후 "파수대"로 변경이 됩니다.

럿셀은 "1874년 이미 예수 그리스도가 인간의 눈에 보이지 않게 재림했다"고 주장하였고, "이방인 시대의 종말은 1914년 아마겟돈 전쟁이 일어

나 세상 정치세력이 멸망하고 천년왕국의 시작이 있을 것"이라고 예언하
였습니다(이단 바로 알기, 현대종교, P375)

그러나 이 예언이 빗나가자 럿셀은 큰 충격을 받았고, 1916년 10월
31일 캘리포니아에서 설교를 마치고 집으로 돌아오는 길에서 사망하
였습니다.

럿셀이 죽자 제2대 교주가 된 J. F 러더포드(J. J .F Rutherford)는
"결코 죽지 않는 현재 생존해 있는 수백만의 사람들"이라는 책을 내고
*"세상 종말의 날짜를 1925년"*으로 예언하였습니다.

이 예언이 실패하자 다시 *"1975년 10월에 아마겟돈 전쟁이 있을 것"*
이라고 예언했지만, 이것마저 실패하였습니다. 이렇게 되자 러더포드
는 럿셀이 실패한 *"1914년은 세상 끝 날이 아니라 끝 날의 시작"*이라고
하였고, 예수 그리스도의 재림은 육적인 것이 아닌 영적인 것이며, 예수 그
리스도는 이미 1914년 인간의 눈으로 보이지 않게 재림하여 1918년 그의
성소에 들어가 하늘 정부를 세우고 모든 기성교인들을 정죄 심판하고 있다
"고 하였습니다(위와 같은 책 P376)

러더포드가 죽은 후, 나단 노르(Nathan Knor)가 3대 회장이 되어,
그도 *"인류역사는 6,000년이므로 1975년에 종말이 온다고 예언하였습
니다. 1975년에 아마겟돈 전쟁이 발발하며 그리스도가 지상낙원의 천년
왕국을 세우실 것이다"*고 예언하였습니다. 이 예언 때문에 많은 여호와
의 증인들은 그들의 집을 팔고, 생업을 포기하고, 전도에 전념하였습
니다. 그러나 1975년이 되어도 아무 일도 일어나지 않게 되자, 1976
년에서 1978년 사이에 39만 명의 여호와의 증인들이 파수대조직을

떠나게 되었습니다(서춘웅, 교회와 이 단 p271),

전에 파수대 이사회의 일원이자 4대 회장 프란츠(F. W Franz)의 조카 레이몬드 프란츠 (Raymond Franz)는 자신이 쓴 "양심의 위기" (Crisis of Conscience)라는 책에서 "협회는 성경적이 아니며, 거짓 예언을 했고, 중요한 교리나 정책을 바꿨으며, 거짓말과 은폐에 가담했다"고 논박했습니다(위와 같은 책 p.272)

5대 회장인 헨첼(M. G Henschel)은 1995년 11월 1일 그동안의 모순된 예언들을 다 포기하였습니다. "새로운 빛"에 근거해서 그는 재정의 하기를 "마태복음 24장에서 예수님이 말씀하신 것은 일반적으로 악한 인류–보다 특별하게 그리스도의 재림에 대한 표적을 보지만 그들의 삶을 바꾸는데 실패한 어느 세대나 지상에 있는 모든 사람들–를 의미한다고 하였습니다. 이 세대는 오늘날 사람들이거나, 이제부터 100년 혹은 그 이후 어느 때의 사람일 것"이라고 하였습니다(위와 같은 책, p273)

이렇게 거짓 예언을 하다가 스스로 덫에 걸려 포기했으면서도, 여전히 여호와의 증인은

예수께서 1914년에 영으로 재림하였다고 가르치고 있습니다.

"예언자 다니엘은 그 사건에 관한 환상을 보았습니다. 그는 '옛날부터 계신 분'인 여호와 하느님으로부터 '사람의 아들 같은 이'인 예수 그리스도에게 '통치권'과 위엄과 왕국이 주어져, 백성들과 나라들과 언어들과 모두 그를 섬기게 된 것을 보았습니다.(다니엘7:13,14) 우주적으로 의미심장한 그 사건이 1914년에 하늘에서 일어났습니다. 그 후 마귀와 그의

악귀들이 땅으로 내던져졌습니다."(신권전도학교 교육에서 얻는 유익, p279)

"하느님께서 예전의 그분의 거룩한 예언자들의 입을 통하여 하신 말씀의 성취로 1914년에 하늘에 왕국이 설립되었습니다.(사도 3:21, 시 110:1~3, 다니엘 4:16,17) 그 후 얼마 안 있어 그리스도께서는 지상에서 수행되는 영적회복활동을 감독하기 시작했습니다. 그 결과 수백 만 명이 영적 낙원에 들어와 하느님의 왕국의 신민이 되었습니다."(하느님의 왕국에 관해 철저히 증거하십시오. p58)

"성서 예언의 성취는 1914년에 예수 그리스도께서 여호와의 하늘 왕국의 왕으로 즉위하셨음을 확증합니다. 그러면서 예수께서 어느 무리의 그리스도인들이 하느님의 승인을 받기에 합당한지를 살피는 시험을 누가 통과할 수 있을 것입니까?"(여호와의 날을 의식 하며 생활하라, p180)

"제반 증거에 의하면 1918년 이래로 여호와께서는 필요에 따라 기름부음 받은 그리스도인들을 깨끗하게 하는 일이 이루어지게 하셔서 그들의 숭배와 관습과 교리를 정결하게 하셨습니다."(위와 같은 책, 181)

"예수께서 제자들에게 '아버지의 왕국이 오게 하십시오'라고 기도하라는 말씀을 하셨을 당시에는 분명 그 왕국이 아직 오지 않은 상태였습니다. 그 왕국은 예수께서 하늘로 올라가셨을 때 왔습니까? 아닙니다. 베드로와 바울이 말하였듯이, 예수께서 부활하신 후 시편 110:1에 나오는 이러한 예언이 그분에게 성취되었기 때문입니다. '여호와께서 내 주에게 말씀하셨습니다. 내가 너의 적들을 너의 발판으로 삼을 때까지 내 오른 편에 앉아 있어라'(사도행전 2:32~35, 히브리서 10:12,13), 따라서 기다리는 기간이 있었습니다. 그러면 그 기다리는 기간은 얼마나 됩니까? 19세기와 20세기에 진실하게 성서를 연구한 사람들은 그 기간이 1914년에 끝날 것임을 점진적으로 분별해 냈습니다.(이 연 대에 관해서는 부록 215~218 참조) 1914년에 시작된 세계 사건들은 이 진실한 성서 연구생들의 이해가 정확했음을 증명합니다. 성서 예언의 성취로 볼 때, 1914년에 그리스도께서 왕이 되셨고, 하느님의 하늘 왕국 통치를 시작하였습니다."(성서는 실제로 무엇을 가르치는가? p85)

무엇이 잘못되었습니까?

1) 첫째로 여호와의 증인의 세대주의 역사관이 잘못되었습니다.

여호와의 증인의 1대부터 현재의 6대까지의 교주나 회장들이 정상적인 신학교육을 받지 못한 사람들입니다. 1대 교주 럿셀부터 안식교의 지도자 J. H 페인트의 저서를 탐독하다 예수의 재림에 대해 관심을 갖게 되었다고 합니다. 이러한 안식교의 역사관이 세대주의 입니다. 세대주의는 인류의 역사 6,000년에, 1,000년 천년왕국을 합하여, 총 7,000 년으로 인류역사가 완성된다는 역사관입니다. 이러한 프레임 안에서 날자 계산을 하여 예수님의 재림을 예언하는 것입니다.

안식교의 창시자 윌리암 밀러(William Millerite)도 개인적으로 다니엘 8:14에 나오는 2,300주야에 대해 2년 동안 연구하여, 1844년 3월 21일이 재림의 날이라고 예언하였습니다. 그러나 실패하자, 다시 1844년 10월 22일이라고 예언하여, 12만 명의 안식교인들이 뉴욕의

산에 올라가 재림의 주님을 기다리는 해프닝이 벌어지기도 하였습니다(진용식, 안식교의 오류, p 13~14)

우리 예수님은 "그러나 그 날과 그 때는 아무도 모르나니 하늘의 천사들도 아들도 모르고 오직 아버지만 아시느니라"(마태복음24:36)고 분명히 말씀하셨는데도, 여호와의 증인에서는 말로는 '성경은 실제로 무엇을 가르치는가?'라고 성경을 이야기하는 것처럼 하면서도 실제로는 이단의 사상을 가르치고 있는 것입니다.

2) 두 번째로 여호와의 증인은 한번 거짓말한 것을 정당화시키기 위해서 또 다른 거짓말을 하고 있습니다.

여호와의 증인은 2,000년 전에 승천하신 예수님이 1914년에야 왕으로 즉위하여, 지금은 어느 무리의 그리스도인들이 하느님의 승인을 받기에 합당한지를 조사하고 있다고 하였습니다.

이것은 안식교의 엘렌 지 화잇(E. G White)이 밀러가 예언한 1844년 10월 22일 재림이 불발되자, 자신이 환상을 보니 "그 날에 예수께서 신랑으로서 나라를, 즉 왕권을 받으시려고 성소에서 하나님이 계신 지성소로 들어가셨으며, 지금은 조사심판을 진행하고있다"(김바울, 하얀 선지자, p20, 77)는 주장과 흡사한 것입니다.

성경은 예수님이 승천하신 즉시 하나님 우편에 앉으셨으며, 지금은 심판을 하는 것이 아니라, 성도를 위하여 기도하고 계신다고 말씀하고 있습니다.

"주 예수께서 말씀을 마치신 후에 하늘로 올려지사 하나님 우편에

앉으시니라."(마가복음16:19)

"그는 하늘에 오르사 하나님 우편에 앉으시니 천사들과 권세들과 능력들이 그에게 복종하느니라."(베드로 전서3:22)

"누가 우리를 정죄하리요 죽으실 뿐 아니라 다시 살아나신 이는 그리스도 예수시니, 그는 하나님 우편에 계신 자요, 우리를 위하여 간구하시는 자시니라."(로마서 8:34)

3) 예수님이 말씀하신 '하나님의 나라'는 1914년에 이루어진 것이 아니라, 예수님이 이 땅에 오심으로부터 시작되었습니다.

"그러나 내가 하나님의 성령을 힘입어 귀신을 쫓아내는 것이면 하나님의 나라가 이미 너희에게 임하였느니라."(마태복음 12:28)

'하늘나라'(Kingdom of Heaven)가 있는가하면 '하나님의 나라'(Kingdom of God)가 있습니다. 하늘나라는 하나님의 보좌가 있는 천국을 말하고, 하나님의 나라는 현재적 하나님의 나라를 말합니다. 예수님이 이 땅에 오심으로 하나님의 나라가 이 땅에 임한 것입니다. 예수님도 "하나님의 나라가 이미 너희에게 임하였느니라."고 하시며, 그 증거로 세상의 영인 귀신이 물러간 것이라고 말씀하고 있지 않습니까?

예수님이 "나라가 임하시며 뜻이 하늘에서 이룬 것 같이 땅에서도 이루어지이다"(마 태복음 6:10)라고 기도하라 하신 것은 이 땅에는 사단 마귀가 있으므로, 예수님으로 시작된 하나님의 나라가 확장되기를 기도하라는 것입니다. 실지로 전도는 사탄 마귀의 권세 아래 있는 자를 하나님께로(하나님의 나라로)돌아오게 하는 것이라고 말씀하였습니다.

> "이스라엘과 이방인들에게 내가 너를 구원하여 그들에게 보내어 그 눈을 뜨게 하여 어둠에서 빛으로 사탄의 권세에서 하나님께로 돌아오게 하고, 죄 사함과 나를 믿어 거룩하게 된 무리 가운데서 기업을 얻게 하리라 하더이다"(사도행전 26:17,18)

이 하나님의 나라 확장을 위하여 성령의 권능을 부어주시고, 모든 민족에게 나가서 예수의 이름으로 귀신을 쫓아내며, 병든 자를 고치라고 하였는데, 이미 임한 하나님의 나라를 1914년까지, 아니 아직도 마귀가 세상을 지배하고 있다고 믿게 만드는 여호와의 증인은 여호와의 증인이라고 불릴 자격이 있다고 생각하십니까?

4) 1914년에야 하늘에서 예수님이 왕으로 즉위하였고, 영으로 재림하였다는 말은 무식의 극치를 보여주는 것입니다.

여호와의 증인은 답하기를 바랍니다.

예수님께서 1914년에야 하늘왕국의 왕이 되셨다면, 그 이전에는 무슨 일을 하셨습니까?

예수님이 1914년에 하늘에서 사단 마귀를 내쫓고, 드디어 하늘왕국의 왕이 되셨다면 그 때까지 천국에는 사탄 마귀도 같이 있었다는 말입니까?

"19세기와 20세기에 진실하게 성서를 연구한 사람들은 그 기간이

1914년에 끝날 것임을 점진적으로 분별해 냈고, 1914년에 시작된 세계 사건들은 이 진실한 성서연구생들의 이해가 정확했음을 증명합니다"라고 했는데, 그 정확한 증명이 무엇입니까?

사실 여호와의 증인에서는 1914년 예수님이 하늘 왕으로 등극하여 사단 마귀를 쫓아낼때까지 천국에는 하나님과 사탄 마귀도 같이 있었다고 말합니다.

"사단과 그를 따르기로 한 영적 피조물들, 즉 악귀들은 하늘에서 한동안 머무르는 것이 허락되었습니다. 따라서 그 기간에는 하늘에 있는 모든 존재가 하느님의 뜻을 행하고 있었던 것이 아닙니다. 하지만 하느님의 왕국이 통치하기 시작하면 상황이 달라지게 되어있었습니다. 새로 즉위하는 왕 예수 그리스도께서 사단과 전쟁을 벌이실 것이었습니다."-요한계시록 12:7~9-(성서는 실제로 무엇을 가르치는가? p79)

참으로 가소로운 일입니다. 한탄을 넘어 비탄의 마음마저 듭니다. 점점 여호와의 증인의 실체가 드러나고 있습니다.
사단은 이미 인간이 만들어지기 전에 하늘에서 쫓겨났습니다.
"또 자기 지위를 지키지 아니하고 자기 처소를 떠난 천사들을 큰 날의 심판까지 영원한 결박으로 흑암에 가두셨으며"(유다서 1:6)
사탄은 하늘에서 쫓겨나서 이 우주에 결박되었으며, 그래서 '공중권세 잡은 자'라고 하였습니다.

"그 때에 너희는 그 가운데서 행하여 이 세상 풍조를 따르고 공중의 권세 잡은 자를 따랐으니 곧 지금 불순종의 아들들 가운데서 역사하는 영이라"(에베소서 2:2)

이 사탄 마귀가 아담을 유혹하여 종으로 삼았으나, 둘째 아담 되신 예수님께서 이 사단 마귀를 멸하신 것입니다.

"자녀들은 혈과 육에 속하였으매 그도 또한 같은 모양으로 혈과 육을 함께 지니심은 죽음의 세력을 잡은 자 곧 마귀를 멸하시며, 또 죽기를 무서워하므로 한평생 매어 종 노릇하는 모든 자들을 놓아주려 하심이니"(히브리서 2:14, 15)

요한계시록 12:7~12절의 내용은 천국 하늘이 아니라, 공중을 가리키며, 이 사건은 예수님의 십자가 사건 이후를 말합니다.

그 이유는 사탄 마귀를 가리켜 "온 천하를 꾀는 자"(9절)라고 말하고 있고. 11절에 "어린 양의 피와 자기들이 증언하는 말씀으로써 그를 이겼으니"라고 말씀하고 있기 때문입니다. 이미 창조 전에 하나님을 대적하여 하늘에서 내어 쫓긴 사탄이 공중권세를 잡고, 온 세상을 꾀고, 하나님께 참소하던 것을 예수님이 사탄 마귀를 십자가의 죽음과 부활로 심판하심으로, 그 자리를 잃고 땅으로 내어 쫓긴 것입니다.

그리고 예수님이 영으로 재림했다느니, 마귀가 1914년까지 천국에서 하나님과 같이 있었다고 하는 말은 정상적인 그리스도인이라면 입에도 담지 말아야할 말입니다. 예수님은 분명히 영으로 보이지 않게 오시는 것이 아니라, 모든 사람이 볼 수 있고, 들을 수 있게 오신다고 하였습니다.

"그 때에 인자의 징조가 하늘에서 보이겠고 그 때에 땅의 모든 족속들이 통곡하며 그들이 인자가 구름을 타고 능력과 큰 영광으로 오는 것을 보리라. 그가 큰 나팔소리와 함께 천사들을 보내리니 그들이 그의 택하신 자들을 하늘 이 끝에서 저 끝까지 사방에서 모으리라"(마태복음 24:30~31)

"주께서 호령과 천사장의 소리와 하나님의 나팔소리로 친히 하늘로부터 강림하시리니, 그리스도 안에서 죽은 자들이 먼저 일어나고 그 후에 우리 살아남은 자들도 그들과 함께 구름 속으로 끌어 올려 공중에서 주를 영접하게 하시리니 그리하여 우리가 항상 주와 함께 있으리라"(데살로니가전서 4:16~17)

예수님의 재림은 간단한 일이 아닙니다. 그저 보이지 않게 영으로 임하였다고 해서 될 일이 아닙니다. 천사의 나팔 소리와 죽은 자들이 살아나며, 살아 있는 자들이 변화하여 들림 받는 우주적인 대사건입니다. 1914년에 이런 사건들이 일어났습니까?

그리고 하늘나라는 속되거나 가증한 일, 거짓말하는 자는 결코 그리로 들어가지 못한다고 하였습니다.

"무엇이든지 속된 것이나 가증한 일 또는 거짓말하는 자는 결코 그리로 들어가지 못하되, 오직 어린 양의 생명책에 기록된 자들만 들어가리라"(요한계시록 21:27)

만일 여호와의 증인의 말처럼 1914년까지 천국에서 마귀와 하나님이 같이 있었다면, 말 그대로 적과의 동침이며, 하나님이 대적하는 마귀를 그 때까지 제어하지 못하고 있었다면, 그 하나님은 마귀 하나도 제어하지 못하는 나약한 하나님이 될 것입니다. 그렇게 여호와 하나님을 주장하면서도 마귀는 그렇게 옹호를 하고, 여호와 하나님을 그토록 초라한 하나님으로 만드는 여호와의 증인의 실체는 과연 무엇입니까?

질문 7

여호와의 증인에서 사용하는 신세계역성경은 성경 원본을 임의로 번역한 것으로, 하나님의 말씀을 아전인수격으로 번역한 것이며, 이렇게 해도 되며, 성경을 더하거나 뺄 수 있는 것입니까?

1961년 파수대 성경 소책자 협회는 신세계역 성경을 자체 출판하였습니다. 신세계역 성경은 의도적으로 여호와의 증인의 교리와 주장에 일치하게 번역하였습니다. 이는 하나님의 성경을 별질시키는 행위이며, 성경을 가감할 수 없다는 하나님의 말씀을 위반한 것입니다(요한계시록 22:18,19).

이 책에 대하여 조쉬(Josh McDowell)와 돈(Don Stewart)은 신세계역 성경을 배격하는 5가지 이유를 소개하고 있는데, 이를 요약하면 다음과 같습니다.

1) 언급하려는 목적을 위해 모순되게 의역을 함

여호와의 증인은 요한복음 15장에서 헬라어 단어 엔(en)을 여러 번 사용하였다.

그 분명한 단어와 예수님의 의도는 크리스천은 "내 안에 있다"고 말씀하신 것이었는데, 신세계역은 "나와 연합하여"로 의역을 했다. "그리스도 안에 있는 크리스천의 관계"를 "우리에 의해 그리스도와 나란히 일하는 것"으로 대치되었다.

2) 헬라어에서 발견되지 않은 단어의 근거 없는 삽입

신세계역 성경은 그 의미를 바꾸기 위해 단어들을 삽입시키는 구절이 여럿이 있다. 이는 헬라어 사본들이나 문법에 절대로 근거가 없는 것이다.

(1) 요한복음 1:1절에서는 말씀 하나님 앞에 부정관사 '어'(a)를 삽입하여 그 의미를 바꿨다. "태초에 그 말씀이 있었고 그 말씀은 하나님과 함께 계셨으며 그 말씀은 한 신(a god)이었다". 이는 그리스도의 참 신성을 의도적으로 파괴시키려는 시도다. 그들의 의도대로라면 요한복음 1장 1절에는 다신론의 두 신이 있게 된다.

(2) 골로새서 1장 16-17절에서는 '다른'(other)이라는 말을 삽입했다. 16절, "만물이 그에게서 창조되되"에 '만물' 대신에 '다른'을 넣어 '다른(other) 모든 것'들로 했으며, 17절의 '그가 만물보다'와 '만물이 그 안에서'에 역시 '만물'(all things)에 다른을 삽입했다. 그 목적은 예수님도 다른 창조된 것들과 같이 창조된 분으로 만들기 위함이다.

그들은 예수님을 하나님의 첫 피조물이라고 주장한다.

(3) 디도서 2장 13절에서는 전치사 '의'(of)를 삽입했다. 따라서 '우리의 크신 하나님 구주 예수 그리스도의 영광이 나타나심을 기다리게 하셨다"는 말씀에서 '하나님의 크신 영'(of the great God)과 '우리 구주 그리스도 예수의'(of our Savior Christ Jesus)로 만들어 예수 그리스도는 우리의 구주이지만 크신 하나님은 아니라고 했다.

3) 헬라어 단어들에 대한 잘못된 번역

여호와의 증인은 그들의 신학에 일치시키려고 의도적으로 단어들을 오역한다. 요한복음 8장 58절은 그의 말씀과 더불어 예수님의 영원한 본성을 보여주고 있다. "아브라함이 나기 전부터 내가 있었느니라"는 구절을 신세계 성경은 '아브라함이 존재하기 전에 나는 있었다'로 번역했다. 이런 번역은 선재로 인한 그리스도의 영원하신 존재를 창조된 존재로 바꾼 것이다.

역시 골로새어 2장 9절에서는 '그 안에 신성의 모든 충만이 육체로 거하시고"에서 '신성"(Godhead)을 '신적 질'(divine quality)로 번역했다.

4) 각주와 부록은 속이며 오도한다.

신세계역성경의 부록은 지속적으로 중요한 기독교의 교리를 부인하고 있다. 그 제목들 중에는 영혼 수면, 그리스도의 신성 부인, 십자가의 부인, 그리고 영원한 심판의 부인이 있다.

5) 하나님의 이름을 멋대로 사용하며 대문자로 쓰지 않는다.

예수님에 대해 신을 소문자(a god)로 썼고(요1:1, 18), 성령은 결코 하나님으로서나 인격으로 언급하지 않았다. 다만 '거룩한 영'(마28:19), '그(the) 돕는 분'(요14:16), 그리고 '그(the) 진리의 영'(요15:26)으로 썼다(이상의 내용은 서춘웅, 교회와 이단, 296-298을 재인용한 것임).

여호와의 증인은 구약에서 "주"(아도나이)를 197차례나 "여호와"로 번역하였고, 신약에서는 "주"(큐리오스)를 237번이나 "여호와"로 번역하였습니다(박영관, 이단종파비 판, p312-313). 그 결과 여러분 스스로 예수님도 여호와라고 인정하는 결과가 되었습니다. 여호와의 증인의 신세계역 성경 로마서 10:13절은 "누구든지 여호와의 이름을 부르는 사람은 구원을 받을 것이다 라고 했습니다"로 번역하였습니다. 여기에서 "주"(큐리오스)는 예수님을 가리키는 것이나, 여호와의 증인은 이를 "여호와"로 번역하므로 스스로 예수님이 여호와이심을 인정한 것입니다.

이처럼 여호와의 증인에서 번역한 신세계역 성경의 조작적인 오역은 성경을 변질시키는 것으로 마틴(W,R Martin) 교수는 이를 "소경이 소경을 인도하는 것이라"고 하였고, 스테만(R.C Stedman) 목사는 "독약을 푼 우물과 같이 위험하다"고 하였습니다(위와 같은책, p311).

여호와의 증인에서는 소수의 천국입성(144,000)과 대다수의 성도들은 땅에서 영원히 산다고 하는데, 과연 이 땅이 영원히 있을까요?

여호와의 증인은 소수의 144,000명 만 천국에 들어가고, 자신들은 죽어 수면 상태에 있다가 마지막 날에 하나님의 능력으로 부활하여 낙원인 땅에서 영원히 산다고 말합니다.

여호와의 증인은 장차 아마겟돈 전쟁이 일어나 악한 세상이 물러나고 신세계가 들어설 것을 말합니다.

"성서는 하느님께서 아마겟돈 전쟁을 통해 악한 세상을 없애실 날이 가까웠음을 밝혀줍니다. 악한 세상이 사라지고 나면 의로운 신세계가 들어설 것입니다"(성서는 실제로 무엇을 가르치는가? p32-33)

"이 정부에 관해 예수께서는 자신의 제자들에게 '아버지의 왕국이 오게 하십시오 아버지의 뜻이 하늘에서와 같이 땅에서도 이루어지게 하십시오'라고 기도하라고 가르치셨습니다.(마태복음 6:10) 이 책의 나중 부분에서 살펴보겠지만 하느님의 왕국은 머지않아 이 세상의 모든 정부를 제거하고 그 정부들 대신 들어설 것입니다.(다니엘 2:44)
그런 다음 하느님의 왕국은 지상낙원을 가져올 것입니다....성서는 우리에게 확인합니다. 하느님의 약속에 따라 새 하늘과 새 땅을 기다리고 있습니다. 거기에는 의가 깃들어 있을 것입니다.(베드로 후서 3:13, 이사야

65:17) 때때로 성서에서 "땅"이라는 말은 땅에 사는 사람들을 말합니다 (창세기 11:1) 따라서 의로운 '새 땅'은 하느님의 승인을 받은 사람들로 이루어진 사회를 말합니다. 예수께서는 하느님의 승인을 받는 사람들이 다가오는 신세계에서 '영원한 생명'이라는 선물을 받을 것이라고 약속하셨습니다." (마가복음 10:30)(위와 같은 책,p33)

"예수께서 옆에서 죽어가는 죄수에게 '당신은 나와 함께 낙원에 있을 것입니다'라고 약속 하셨을 때, 그 분은 다가오는 지상낙원을 가리켜 말씀하신 것이었습니다." (누가복음23:43)(위와 같은 책,p35)

"사람이 죽는 것이 하느님의 원래 목적이 아니었습니까? 결코 그렇지 않습니다. 여호와께서는 사람이 땅에서 영원히 살도록 만드셨습니다."(위와 같은 책, p59)

여호와의 증인에서는 불신자들도 신자와 함께 부활하여 여호와를 섬길 기회를 얻게 된다고 말합니다.

"그분께 순종하지 못한 사람들은 모두 어떻게 될 것입니까? 셀 수 없는 많은 이 '불의한 사람들' 역시 제외되지 않을 것입니다. 그들도 부활될 것이며, 참 하느님에 관해 배우고 그 분을 섬길 시간이 주어질 것입니다. 천 년 동안 이 죽은 사람들은 부활되어 충실한 사람들과 함께 땅에서 여호와를 섬길 기회를 얻을 것입니다. 실로 감격스러운 때가 될 것입니다. 이때가 바로 성서가 말하는 심판 날이라는 기간입니다"(위와 같은 책,p73)

여호와의 증인에서는 불신자 가운데, 일부는 영원히 멸절될 것이라고 말합니다.

"그러면 이제까지 살았던 사람이 모두 다 부활될 것이라고 생각해야 합니까? 그렇지 않습니다. 성서는 죽은 사람들 가운데 일부가 '게헨나'에 있다고 말합니다.(누가복음 12:5) '게헨나'라는 명칭은 고대 예루살렘의 외곽에 있던 쓰레기 처리장의 이름에서 나왔습니다. 그곳에서는 시체와 쓰레기를 태웠습니다. 유대인들은 매장되고 부활될 가치가 없다고 여겨지는 사람들의 시체를 그곳에 버렸습니다. 따라서 '게헨나'는 적절하게도 영원한 멸망을 상징합니다. 예수도 산 사람과 죽은 사람을 심판하는 일에서 담당하는 역할이 있지만 최종 심판은 여호와이십니다(사도행전 10:42) 그분은 악하고 변화하려 하지 않는 사람이라고 자신이 판결하는 사람을 결코 부활시키지 않으실 것입니다"(위와 같은 책,p73)

여호와의 증인에서는 144,000명 만 하늘에 살고, 자신들은 땅에 산다고 말합니다.

"예수의 충실한 사도들을 포함하여 이 144,000명의 그리스도인들은 하늘에서 살도록 부활됩니다. 그들이 부활되는 때는 언제입니까? 사도 바울은 그리스도의 임재 중에 그 부활이 있을 것이라고 기록하였습니다.(고린도전서 15:23) 9장에서 배우겠지만 우리는 지금 바로 그때에 살고 있습니다. 따라서 14만 4,000명 중 현재 남아 있는 소수의 사람들은 죽으면 즉시 부활되어 하늘에서 살게 됩니다(고린도전서 15:51~55) 하지만 대다수의 인류는 미래에 부활되어 지상낙원에서 살 전망을 가지고 있습니다."(위와 같은 책,74)

여호와의 증인에서는 2중 천국으로, 하늘천국과 지상낙원을 말합니다.

"따라서 하느님의 왕국이 있는 곳도 바로 그곳 하늘입니다. 그렇기 때문에 성서는 그 왕국을 '하늘 왕국'이라고 부릅니다.(디모데후서 4:18) 하느님의 왕국은 하늘에 있지만 땅을 통치할 것입니다"(요한계시록 11;15)

(위와 같은 책,p79)

"사망한 대부분의 사람들이 부활할 것입니다. 예수께서는 "기념 무덤에 있는 사람이 나올 것"이라고 약속하셨습니다.(요한복음 5:28~29) 인간으로 부활되는 사람들은 하느님의 원래 목적과 일치하게 지상낙원에서 살 기회를 갖게 될 것입니다.(누가복음23:43) 그때가 되면 순종하는 사람들은 완전한 건강과 영원한 생명을 누릴 것입니다. 성경에서는 '의로운 자들은 땅을 차지하고 거기서 영원히 살 것'이라고 알려줍니다~시편 37:29, 욥기 14:14~15, 누가복음 7:11~17, 사도행전 24:15)(진리를 알고 싶으십니까?, p1)

무엇이 잘못되었습니까?

1) 소수의 144,000인 만이 천국에 들어간다는 말이 잘못되었습니다.

여호와의 증인은 소수의 144,000인들만이 천국에 들어간다고 말합니다. 이 144,000 인들은 예수님의 제자들과 초대교회의 증인들이 대부분이며, 지금의 자신들은 지상에서 산다고 합니다. 이렇게 그들은 천국에 들어가지 못할 사람으로 인정합니다.

그러나 요한계시록 7장에 나오는 144,000인은 이스라엘 자손 중에 인 맞은 자의 수를 말하는 것입니다.

"내가 인침을 받은 자의 수를 들으니, 이스라엘 자손의 각 지파 중에서 인침을 받은 자들이 십사만 사천이니"(요한계시록 7:4)

그러면 이방인들, 곧 각 족속과 백성과 방언에서 구원 받는 자들은 어디에 있습니까?

9절과 10절에 나옵니다.

"이 일 후에 내가 보니 각 나라와 족속과 백성과 방언에서 아무도
능히 셀 수 없는 큰 무리가 나와 흰 옷을 입고 손에 종려가지를 들고
보좌 앞과 어린 양 앞에 서서 큰소리로 외쳐 이르되 구원하심이 보
좌에 앉으신 우리 하나님과 어린 양에게 있도다 하니"(요한계시록
7:9~10)

이 사람들은 땅에 있는 자들이 아니라, 하늘나라 보좌 앞에 있는 구
원 받은 자들입니다. 각 나라와 족속과 백성과 방언에서 아무도 능히
셀 수 없는 큰 무리라고 하였습니다. 불과 다섯 절만 더 읽어도 밝혀지
는 내용을 가지고, 소수만이 천국에 가며, 자신들은 아예 천국을 포기
하고 땅에서 산다고 하는 여호와의 증인들은 아마 그 말대로 천국 가
지 못할 것 같습니다.

2) 두 번째로는 성도의 부활과 함께 불신자도 부활하며, 그 사람들도
   하나님을 섬기게 될 것이라고 하였는데, 이 말이 잘못되었습니다.
   요한계시록은 성도의 부활과 불신자의 부활을 구분하고 있습니다.
그리스도께서 재림하실 때에 성도의 부활이 있습니다.

"또 내가 보좌들을 보니 거기에 앉은 자들이 심판하는 권세를 받았
더라 또 내가 보니 예수를 증언함과 하나님의 말씀 때문에 목 베임을
당한 자들의 영혼들과 또 짐승과 그의 우상에게 경배하지 아니하고
그들의 이마와 손에 그의 표를 받지 아니한 자들이 살아서 그리스도
와 더불어 천 년 동안 왕 노릇하니, 그 나머지 죽은 자들은 그 천 년이
차기까지 살지 못하더라 이는 첫째 부활이라"(요한계시록 20:4~5)

예수님이 재림하실 때에 성도들의 부활이 일어납니다. 이는 고린도전서 15:22~24과 데살로니가전서 4:16~17에서 이미 말씀한 내용입니다. 이 성도의 부활이 첫째부활이라고 하였습니다. 이들은 둘째 사망과 상관이 없이 그리스도와 천 년 동안 왕 노릇하다가 영원한 천국에 이를 자들입니다.

> "이 첫째 부활에 참여하는 자들은 복이 있고 거룩하도다. 둘째 사망이 그들을 다스리는 권세가 없고 도리어 그들이 하나님과 그리스도의 제사장이 되어 천 년 동안 그리스도와 더불어 왕 노릇하리라"(요한계시록 20:6)

그러면 불신자의 부활은 언제 있습니까?

천년왕국을 마치고, 하나님의 백 보좌심판 때에 있습니다. 이때에는 지금까지 죽어 음부에 있던 모든 불신 영혼들을 불러내어, 책들에 기록된 대로 심판하여, 영원한 불 못에 던진다고 하였습니다.

> "또 내가 크고 흰 보좌와 그 위에 앉으신 이를 보니 땅과 하늘이 그 앞에서 피하여 간 데 없더라. 또 내가 보니 죽은 자들이 큰 자나 작은 자나 그 보좌 앞에 서 있는데 책들이 펴 있고 또 다른 책이 펴졌으니 곧 생명책이라 죽은 자들이 자기 행위를 따라 책들에 기록된 대로 심판을 받으니 바다가 그 가운데서 죽은 자들을 내주고 또 사망과 음부도 그 가운데서 죽은 자들을 내주매 각 사람이 자기의 행위대로 심판을 받고 사망과 음부도 불 못에 던져지니 이것은 둘째 사망 곧 불못이라"(요한계시록 20:11~14)

이처럼 성도들은 그리스도의 재림시에 첫째 부활에 참여하여 천 년 동안 지상에서 그리스도와 함께 왕 노릇하다가 영원한 천국에 이르며, 불신자들은 천년왕국이 마치는 때에 부활하여 심판을 받아 영원한 불못, 지옥에 들어가므로 지상의 역사가 끝나는 것입니다.

3) 세 번째는 성도들이 지상낙원에서 영원히 산다는 말이 잘못되었습니다.

여호와의 증인은 땅에서 영원히 산다고 말합니다. 그러나 성경은 그렇게 말하고 있지 않습니다.

베드로 사도는 장차 이 땅과 하늘이 없어질 것을 말씀하고 있습니다.

"이제 하늘과 땅은 그 동일한 말씀으로 불사르기 위하여 보호하신 바 되어 경건하지 아니한 사람들의 심판과 멸망의 날까지 보존하여 두신 것이니라"(베드로후서 3:7)

"그러나 주의 날이 도적 같이 오리니 그 날에는 하늘이 큰 소리로 떠나가고 물질이 뜨거운 불에 풀어지고 땅과 그 중에 있는 모든 일이 드러나리로다. 이 모든 것이 이렇게 풀어지리니 너희가 어떠한 사람이 되어야 마땅하냐 거룩한 행실과 경건함으로 하나님의 날이 임하기를 바라보고 간절히 사모하라 그 날에는 하늘이 불에 타서 풀어지고 물질이 뜨거운 불에 녹아지려니와 우리는 그의 약속대로 의가 있는 곳인 새 하늘과 새 땅을 바라보도다."(베드로후서 3:10~13)

사도 요한도 요한계시록에서 이 세상이 없어지고 새 하늘과 새 땅,

하늘나라에서 살 것을 말씀하고 있습니다.

"내가 보니 여섯째 인을 떼실 때에 큰 지진이 나며 해가 검은 털로 짠 상복 같이 검어 지고 달은 온통 피 같이 되며, 하늘의 별들이 무화과나무가 대풍에 흔들려 설익은 열매가 떨어지는 것 같이 땅에 떨어지며 하늘은 두루마리가 말리는 것 같이 떠나가고 각 산과 섬이 제 자리에서 옮겨지매"(요한계시록 6:12~14)

"또 내가 크고 흰 보좌와 그 위에 앉으신 이를 보니 땅과 하늘이 그 앞에서 피하여 간 데 없더라."(요한계시록 20:11)

"또 내가 새 하늘과 새 땅을 보니 처음 하늘과 처음 땅이 없어졌고 바다도 다시 있지 않더라"(요한계시록 21:1)

이와 같이 성경은 여러 곳에서 처음 하늘과 땅은 없어지고 새 하늘과 새 땅을 말씀하며, 이 새 예루살렘의 규모와 재료와 삶을 요한계시록 21-22장에서 자세히 말씀하고 있으며, 성도는 그곳에서 영원히 왕 노릇할 것을 말씀(요한계시록 22:5)하고 있는 데도 없어질 땅을 고집하며, 땅에서 영원히 산다고 말하는 여호와의 증인은 결국 설 자리가 없게 될 것입니다. 이것이 실제로 성경이 가르치는 진리입니다. 바라기는 이 책을 통하여 바른 진리를 찾기를 바랍니다.

여호와의 증인에게 묻는 8대 질문

2016년 3월 1일 발행

저 자 | 신 원 호(031-856-5591)
발 행 인 | 신 광 철
발 행 처 | 광일인쇄 출판사
등록번호 | 979-11-957500-0-9
주 소 | 서울특별시 중구 을지로 20길 24-11
전 화 | 02-2277-4942
가 격 | 4,000원